為了要走得快，必須放慢速度。Joanne Quinn 和她的同事展示如何將學校轉化為沈浸在嚴謹卻歡樂的深度學習文化中，擺脫一些人對深度學習的臆測。本書難得一見，因其具體展現如何構建滿是深度學習的課堂和學校，提供豐富的資源、技巧、評量規準等訊息，同時包含路線圖和一系列工具。正當全球教育家將工業時代的結構轉變為充滿激情的深度學習環境之際，這些工具將加速他們的工作。

—— Jal Mehta
教育學教授
哈佛教育研究所

在這個時代，許多學校都在尋找能確保學術和發展成果公平的方法，這本書提供有用的指引和寶貴的資源。《潛進深度學習：實用工具書》提供教育工作者可應用於課堂、學校和學區的實用智慧，在發展學生高階思維技能時，可評量其策略的影響力。本書以清晰易懂的方式編寫，為那些希望能滿足所有學生需求的教育工作者提供有益的指引。

—— Pedro Noguera
教育學特聘教授
學校轉型中心主任
加州大學洛杉磯分校教育與資訊研究學院

「生活實驗室」由全球的教育工作者組成，透過從「生活實驗室」取得的經驗、專業及證據，清楚描繪如何構建深度學習的模式以影響所有學生。本書分享的示例不僅說明深度學習的不同實現方法，還提供實際發生的證據。對致力於改進教育環境的團隊來說，這本書是必讀的材料，不可錯過。

—— Jenni Donohoo
專案經理
安大略省教育主管委員會

Joanne Quinn、Joanne McEachen、Michael Fullan、Mag Gardner 和 Max Drummy 為《深度學習：參與世界改變世界》這本書創作重要的實用工具書。這些作者先前完成一項傑出的工作——讓教育工作者、學校和學區感受到持續改進與深耕深度學習系統的需求性。在這之後，他們邁出相當重要的下一步。畢竟，陳述改進需求是一回事，真正的重點是提供實用的解決方案。在這本書裡，Quinn 和她的同事為教育工作者提供了要實施持久變革以求改進的實用工具書。這本書應該成為整個國家所有學區的指定讀物，更應該是指定推動的工作。

—— Rick Miller
執行總監
CORE 學區

想要改善學校和系統，有一個長期存在的問題，那就是——我們如何開展這項工作？是的，我們深信「何以要如此做（WHY）」的意義，我們希望在年輕人的學習生活中產生深遠的影響，我們也知道「該做什麼（WHAT）」以滿足不同學習者需求、知識豐富的課程；但，請說明「如何做好這項工作（HOW）」。這是一本讓領導者和教師愛不釋手的書，內容清晰，精確地介紹如何為深度學習營造強大的學習環境。

—— Bruce Armstrong
教學與學習特別顧問
澳洲維多利亞教育局

　　全球知名教育學者 Fullan 及其團隊分別於 2018 年和 2020 年出版了深度學習教學新創（New Pedagogies for Deep Learning, NPDL）及其操作指引兩本專書。該書提供全球關心和投入教育變革的政策決策者和教育工作者可資參考的知識與實踐方法。

　　NPDL（New Padedogies Deep Learning, NPDL）是整全式的系統改革架構，重視政府、社區、學校、教師、家長和學生的共同投入，並強調學生主體及學習能動性的發展，培養 21 世紀的終身學習素養能力。NPDL 以全球素養（品格、溝通、協作、批判思考、創造力、和公民素養）融入深度學習過程，並以學習設計四要素（學習環境、學習夥伴、教學實踐、數位利用）改變教學方法，提供學生拓展經驗並與生活世界連結，同時強調在真實問題中探究並發展思考與問題解決能力。NPDL 提供的全系統框架與實踐工具，可作為學校集體學習和協作的策進方法，進而建構學校與系統的變革能力。全系統變革包括為個體與群體、組織的橫向跨界合作與縱貫系統之協作潛力，藉由多層級的跨界合作，將資訊與回饋加以綜整與評估，並定期進行相互校準，帶動整個系統的反思性探究循環，持續精進與創新專業實踐，達成培養學生全球核心素養帶著走的能力。

　　NPDL 全球夥伴網絡自 2012 年成立，至 2021 年共有 12 國與地區約 2000 多所學校參與 NPDL 全球網絡，該工具群組以系統變革為範疇，串接學校場域、國家場域、和全球教育論述場域。台灣自 2020 年加入 NPDL 全球夥伴網絡，目前共四個校群 28 所學校，包含國立學校 9 所，台北市高中 7 所，新北市高中 6 所，與 6 所花蓮縣高中與國中小校。學校以集體方式共同學習，包括辦說明會、組成校群聯盟、成立校本推動小組、辦理跨校讀書會、暑期導入工作坊、國內研討會、課程與教學實踐、專家諮詢會議、參與全球網絡和區域網絡會議、專書翻譯、以及即將辦理的國際研討會等，透過與國際連結產生素養課程的跨界共力行動。希

望藉由國際連結、跨界學習、共力實踐與相互校準的探究循環，或能提供在地行動與全球變革知識共創可行的路徑，為新教育的實踐找出可行之路。

　　這兩本 NPDL 的中文譯本書得以出版需感謝投入密集翻譯與校對工作的台北市高中英文教師與校長，包括有邱淑娟退休校長、許靜喆教師、李憶慈教師、江惠眞校長、劉葳薐校長、李壹明教師、林容秀教師、徐采晨教師、曾澄芮教師、洪金英校長、劉晶晶校長、李小蘭主任、楊瑞濱主任、郭慧敏主任、林承龍主任，暨南大學國際文教與比較教育學系洪雯柔教授，蓮溪教育基金會許伯安執行長，以及師大陳佩英教授。希望譯本的出版除了提供國內學校與教師加入與實踐深度學習的重要參考資料外，也能深耕學校跨界的國際連結，共同探索未來教育的創新實踐路徑。

此圖為 2021 年 7 月台灣校群舉辦國際研討會的敘畫

Fullan, M., Quinn, J. & McEachen J. (2018). *Deep Learning: Engage the world change the world*. Corwin Press and Ontario Principals' Council.

Quinn J, McEachen JJ, Fullan M, Gardner M, Drummy M. (2020). *Dive into deep learning: Tools for engagement*. Thousand Oaks, CA: Corwin.

國立臺灣師範大學教育系

陳佩英 2021.11.15

潛進
深度學習
實用工具書

謹將本書獻給所有深度學習者以及那些
參與世界、讓世界變得更好的學習者。

目　錄

第四部　設計深度學習　143

第八章

第五部 評量實作   189

第九章

協作評量   191

第六部 深度學習能力建構   201

第十章

教師深度學習的能力   203

" 最令人興奮的是，
我們看見毫無拘束又樂觀的學生、
老師和領導者充滿著
新興活力、熱情和解放。 "

—《深度學習：參與世界改變世界》

第一部

潛進深度學習

假如我們要培養在動盪複雜的時代下能夠茁壯成長的學習者，能運用思維於新的情境並改變世界，那麼我們就必須重新想像學習：哪些是重要的知識、如何促進學習、學習在何處發生及我們如何衡量成功⋯⋯我們稱這為新的概念──深度學習。

──《深度學習：參與世界改變世界》

第一章
善於學習，善於生活

對學生和成人而言，深度學習讓學習重獲喜悅；正因它深具意義、賦予目的及釋放潛能，故得以快速散播。對於深度學習的需求不再是一場辯論；此刻就是改變學習的時候。我們的學生急迫需要它，世界也需要深度學習得以生存與發展。當今的挑戰是如何讓每個學生和每間課堂產生變革。**轉變課堂實踐對學生、老師、領導者和家庭而言，意謂著一種文化再生，每個人都必須要擁抱新的角色和理解。**

在《深度學習：參與世界改變世界》（Fullan, Quinn, McEachen, 2018）這本書裡，我們為學校轉型建立基礎，這些想法來自於我們跟 8 個國家、超過 1,500 所學校的夥伴關係。與學生和教育工作者一樣，我們認為傳統學校教育在方法與目標上，難以達成為現在學生做好準備的任務，更別說是學生的未來。學生和教師們依年段升級時，他們發現現今學校教育越來越不吸引人，而其中有些人想為此做些改變，於是我們建立了學校及系統的夥伴關係。這本書包含許多創新教學示例，並提供一個全面、可取得的架構，以利於建構這些實踐和往新方向前行的條件。

《潛進深度學習：實用工具書》提供工具讓你依自己的狀況建構深度學習，可能是課堂、整所學校、地方學區、州甚或國家。我們提供說明和真實示例，原因在於工具的運用反映使用者的心智習性，也就是說，心智習性乃透過行動而得以發展。因此在這兩本書裡，我們清楚呈現能奠定我們稱為深度學習運動的想法和示例。假如讀者願意致力於其中，與其他人一起投入，從架構和工具獲得訊息、擴大經驗，那麼他或她將獲得豐厚的回報。《潛進深度學習：實用工具書》聚焦於以證據為本的行動，同時發展知識和心智習性。這對於面對未來、尤其形塑個人和團體更好的未來確實很重要。

我們鼓勵你深入研究我們的第一本書《深度學習：參與世界改變世界》（2018），以便了解 8 個夥伴國家中的學生、老師和學校，他們致力於深度學習所經歷的故事。之後再研究《潛進深度學習：實用工具書》，將其作為指南，幫助你在課堂、學校、學區或是系統裡發展一個推動深度學習的綜合方法。它立基於我們第一本書所呼籲的行動之上，並提供實際的支持，如周詳的架構、工具和操作指引等。激勵人心的短文和真實的例子能活化這些概念，並詳實描繪學校轉向新實踐的作為。這本工具書為教師、學校、學區和系統中的能力建構提供了路線圖，用以設計深度學習、檢核進度並評估活化和持續創新所需的條件。

在這一章中，讓我們探究深度學習的成因、內涵以及實踐的方法。

迫切性

綜觀 2019 年的情況，我們必須承認，憾動整個社會的力量已經進入學校。於 20 世紀初創建的學校模式至今仍在運行，但這模式卻無力應對目前的趨勢變化。有兩個研究促使我們為學習找到新路徑：首先，越來越多的研究指出，世界各國的傳統學校對多數學生而言並無法切合他們的實際需求。Gallup 民意調查公司於 2015 年的調查顯示，小學五年級學生的學習參與度為 76%，到了十年級，參與度大幅滑落到 32%（Stringer, 2018）。無獨有偶，經濟合作暨發展組織（The Organization for Economic Co-operation and Development, OECD）於 2003-2015 年間在 78 國參與國際學生能力評量計畫（Program for International Student Assessment, PISA）的結果也顯現，學生在學校的歸屬感和連結感持續下降。第二個發現是，在大多數的社會裡，壓力和焦慮急速增加，且全面影響越來越年輕的學生。這些統計數字足以讓我們停下腳步，好好想一想。

同時，學校需要能夠回應不斷成長的需求；我們必須體認到學校是個會受到影響的機構，變動的外在力量會大幅左右學校。許多全球性的趨勢讓人憂心，例如，貧富差距變得嚴重且持續拉大。雖然我們之間的連結比以往來得更密切，但這樣的連結僅是短暫、表象且片斷的；職業和勞工市場對老少而言都變得不可預測且讓人憂心；技術和人工智能將快速地出現並進入我們的生活之中，帶來未知的（但肯定會產生焦慮的）後果。這些都會導致更常見的壓力、疾病和憂慮，社會的凝聚力減弱且社會信任度下降。

最終，許多創新常與學生的需求脫節或只依賴新穎而非深刻的批判性思考。

正向來看，年輕人並沒有等著我們矯正這些問題，他們正在採取行動。最近，一位來自瑞典的 15 歲氣候正義行動家 Greta Thunburg 在 Davos 舉行的聯合國氣候變遷高峰會上對世界領袖嚴厲指控，吸引了全世界的關注。她說：「我要你們驚慌…你們正在偷走我們的未來。」她的話激起了來自 125 國，超過 150 萬名學生的抗議活動。在北美州，因 Parkland 學校的槍擊案而聚集的一群青年領袖，發起管制槍枝暴力的倡議行動，一年之內促成了 67 項槍支管制或槍支暴力保護法案的通過。Greta 和 Parkland 的青年領袖是兩個年輕人負責帶頭的範例，而且他們並不孤獨。在深度學習的工作中，我們在全球各地見證數以千計的平凡案例，其中學生（作爲變革推動者）表現出強烈想要幫助人類的渴望。這本書是關於深度學習如何培養這樣的學生，以及引導教師如何釋放學生的潛能，以解決我們當下和未來所面對的複雜課題。

何謂深度學習？

深度學習是伴你一生的優質學習。想以全球的規模來改變學習可說是雄心勃勃。過去五年來，我們已與 8 個國家的校群或是學校系統結爲夥伴，建構新方法的知識，以更深層次的目標推動學習。「參與世界改變世界」是我們與世界各地的夥伴學校或系統共同制定而成的口號。

> 深度學習素養（6Cs）是當今學習者至關重要的核心。
>
> ──《深度學習：參與世界改變世界》

重新想像學習的第一步是確認六個全球素養（6Cs），這些素養描述學習者發展成爲全球公民所需的技能與特質。深度學習的定義，就是獲得這六個素養：品格、公民素養、溝通、協作、創造力和批判思考的過程。當學校和教師開始培養深度學習經驗的時候，我們發現：

> 深度學習的本質和範圍異於任何其他嘗試過的教育創新，它會改變結果，在我們的案例中就是六個全球素養（6Cs）：品格、公民素養、協作、溝通、創造力和批判思考。透過專注於對個人和群體有意義的事情，並以能夠持續改變學生、教師、家庭成員和其他角色的方式鑽研它們，深度學習能夠改變學習。
>
> ──《深度學習：參與世界改變世界》

我們已發展的深度學習對個人和社會都有好處。令人振奮的是，有越來越多的學校和系統，包括學生、教師、領導者以及社區都深受深度學習的吸引。深度學習將學習本身最大化，並促進身份認同與人際連結；結合這兩種元素能培養學生盡早成為具有奉獻精神與技能的公民，且可持續發展成為積極的學習者及變革推手。改變學校系統對於個人非常重要，好讓他們能夠應對複雜和充滿挑戰的社會；對系統而言，它們可以有效地解決世界上日益複雜的問題，例如加劇惡化的不公平現象、氣候惡化、工作的不確定性、不可預測的技術以及全球社會凝聚力和信任的減弱。

我們的模式代表著重新定義教育的道義責任。傳統上，我們認定的道義責任僅限於提高表現標準和縮小學業表現的差距。如今，我們可以清楚看到，如果只將焦點放在學業表現，將會扭曲教育，進而阻礙人們發展能夠回應複雜世界所需的能力。因此，僅強調學業表現本身將無法有效教育那些處於高貧困環境的學生，也無法為來自較高社經背景且承受越來越多焦慮及壓力的學生提供有效的服務。要重新定義道義責任，就要重新定義學業表現——也就是學習，也要重新定義身份認同——也就是人際連結。深度學習應該被想成是優秀學習和良好人際連結的代表，重點在於善於學習和善於生活，還有個人和團體中的綜合發展，這種綜整就是我們所謂的福祉。

因為深度學習將學習過程轉化成真實的、可參與的，及以學生為中心的，它能同時解決福祉和公平議題，使所有人皆可受益，且對那些與學校疏離的人更為有效。福祉已引發全世界的關注，以回應青年人日益加劇的焦慮、壓力以及對傳統教育的不滿。我們將福祉定義為「在滿足我們的認知、情感、社會和身體需求時，具有目標感、希望、歸屬感和成就感（J. Clinton, personal communication, 2018）。」深度學習工作立基於神經科學的研究之上，且在關注生活情境相關問題的同時，促進人際連結和歸屬感。如同兒童理療師 Jean Cliton 指出：

專注於 6Cs 可以減輕並防止社會和情緒障礙，從而建立積極的心理健康和適應力……並為弱勢的孩子們創造一個公平的競爭環境。

-Jean Clinton, "Connection Through, " 2017 年 6 月

以學生為中心的真實學習可以挑戰新興的福祉和公平問題。無論是優勢或劣勢背景的學生都能夠成長茁壯，我們將其描述為公平假設。在

我們的深度學習工作中，要學生只專注於掌握識字和算術基礎的舊觀念已被有效的學習經驗所取代，這些經驗不只增強基礎識字和算術技能，同時讓學生沉浸於可深入參與的真實任務中，以有意義的方式習得關鍵技能。

> 如果學生充分參與 6Cs 的學習，來自於劣勢的學生會因為這些深度探索的學習機會，而能夠帶入自己的經驗和生活知識，他們不會因為不懂課本知識而被貼上標籤。

> —— Jean Clinton, Personal Communication, 2018

深度學習何以可行？

我們發現深度學習任務的性質是從本質上激發學生的興趣。因為他們鑽研自己真正感興趣、具有真實意涵且更加嚴謹的主題，這使他們在學習上願意堅持並想要成功。我們看到，結合自律、歸屬感和有意義的學習正為所有學生建構重要的能力；新的證據顯示，對於弱勢或參與不足的學生，深度學習可作為引發他們學習成功的催化劑。我們尚有幾十個展現高度影響力的示例，在在說明我們追求的目標是讓深度學習成為整個教育系統的示範，以便讓每一位學生都有機會成長茁壯。

深度學習的六個關鍵特徵將帶來大規模的變革：

1. 整個孩子 —— 整個系統

深度學習關乎發展每個學習者所有的面向 —— 既有學術又有社會情緒 —— 以便能夠讓孩子成長茁壯。它並非僅僅是一個專案或計畫，而是導向明確的學習成果以及改變教師、領導者、家庭和社區的角色。

2. 明確的成果

六個全球素養（6Cs）為學習提供一個全面性且清楚的願景，它們宛如一個透鏡，得以深化和拓展被挑選的課程目標。

3. 可檢核性

我們已經開發工具，用來評估起點並檢核 6Cs 發展的進程。

4. 共同語言

這些工具為學生、教師和家庭在學習和實踐提供共同的語言及精確度，以利設計和檢核學習。

5. 與實踐者共同開發

深度學習的模式乃由 8 個國家的實踐者使用統一的架構共同發展而來，不論是在都會或鄉間地區，對優勢或劣勢家庭學生都有很深的影響。

6. 行動導向

我們不只是研究和報導深度學習，同時也建構有用的新知識。隨著強而有力的社會連結，我們認為反饋檢視和改善世界是深度學習的核心。人類本是社會性生物，所以這樣的連結剛好反映出深度學習的基礎就是一種群體現象。

這六個特點使得深度學習方法具備全面性及獨特性。最激勵人心的是，不管學生的背景和起始點為何，這樣的學習對所有人都有好處且具有吸引力。

系統變革和前進之路

改變學校教育的文化是極為關鍵的挑戰。負責學校系統的人需要擺脫命令、控制以及由上而下發號施令的觀念，要努力創造能夠支持教師和學生自主學習並往新方向發展的新興系統。學生、教師、校長、家長和學區必須從基層和中間推動，在此願景裡，學區（類似於所有型態的現代學習組織）更傾向用水平而非垂直的方式作業，較少以制式的方式規定個人的工作，而是更強調跨系統平臺的建置，以建立連結和加速學習。學區同時可在學校教育要素中注入彈性，允許學校混齡分組、發展跨學科的課程、納入學生的課外學習、延長每節上課的時間、給予老師協同合作的時間等等。如此一來，老師會跟學生的學習經驗一樣，得以參與有相似學習目的和引發熱情的探究循環，從而減少職業倦怠並增加專業工作的吸引力。

這種根本性的變化涉及重新定義學習並堅持新的教育道義責任，學業學習不再是唯一的優先目標，取而代之的是以學習和連結來導引整體與綜整性能力的發展。這樣，學習和福祉便整合成為新的道德要求。善於學習和

善於生活對於個體和群體的生存至關重要，所以我們相信，增進這種特定、令人躍躍欲試的特定學習經驗將帶來重大突破。

深度學習是指深入了解有關學習的知識、優質標準、評估和進步。但這還不夠，最大的難題在於整體社會而非個體，光是有一小群獨立運作的人是不夠的。畢竟，深度學習是攸關人類生存發展的能力，這意味著，最終所有學生都必須「參與世界」，才能「改變世界」——了解世界的發展並帶來更好的影響。這是為了個人、群體和地球整體的利益。

眼前的問題是，我們該選擇哪條道路？我們可以繼續修補既有的模式或是將學校轉型為積極的深度學習機構。改變學習將有益於所有人，對那些與學校教育脫節的學生特別有好處。創造如此改變應該也會減少學生憂鬱和焦慮的發生頻率，讓最有意義的學習蓬勃發展；同時，也許也是最重要的是，我們將培養各式各樣的公民，有能力回應 21 世紀以降所面臨的挑戰，從而在學習過程中改善人類的生活。我們可以這麼說，學習和人文關懷的結合是深度學習最重要的價值底蘊。

啟程

請利用這本書的六個部分來培養教師、領導者、學校和學區的能力，以推動和持續深度學習。

第一部分概述深度學習的原因、內容和方式，然後詳細說明如何善用這本工具書。

第二部分探究深度學習架構和細述每個要素：在這複雜世界中蓬勃發展所需的六個全球素養（6Cs）——品格、公民素養、協作、溝通、創造力和批判思考；可以啟動深度學習經驗的學習設計四要素——教學實踐、學習夥伴關係、學習環境和數位利用，還有為學生學習和深度學習設計奠定基礎的協作探究圈。

第三部分介紹深度學習進程、設計與檢核 6Cs 進程的詳細途徑。這些章節探討如何應用學習進程來分析學生作品、檢核進度、提供學生回饋，也介紹學生版的深度學習進程，以及讓學生參與監測和檢核自己學習的方法。

第四部分通過深度學習短文和一個深度學習設計模板，以之促進學習設計四要素的應用。該章節提供一系列學習設計範本以及使用學習設計評量規準分析學習設計品質的過程。

第五部分探討協作評估學習任務過程的作法，這過程可增強學習效果和轉變教師實踐，這方面已被證明非常有效。

第六部分讓教師、學校和學區聚焦於深度學習的能力建構。這些章節提供老師自我評估工具、學校現況評量規準、學區現況評量規準，用以評估學校和學區支持深度學習的能力，也提供教師、學校和學區的行動指南。

每個部分都引用豐富的示例和實作，其中包括 8 個合作夥伴國家實踐過的深度學習設計、短文和案例。若能在自己或其他社區善用這些資源來參與世界，便可創造可以改變世界的學習經驗。

時機至關重要，我們需要願意致力於人文關懷、善於建立網絡並準備採取行動的教師和領導者，認同深度學習的價值，並樂意充分利用深度學習的工具來改變世界。

現在，是改變學習和生活的時候到了！

Note

" 變革經驗所得的啟示是我們需要改
變學習的文化,而不僅僅是改變組
織的表層或結構。這無法透過政策
或命令來完成;只有在我們投入
促進新的學習過程的工作中,變革
才會發生。 "

——《深度學習:參與世界改變世界》

第二章
如何使用這本工具書

工具帶來精確性和清晰度，但能改變文化的是共同語言和實踐，因爲他們能促進對話。《潛進深度學習：實用工具書》可一步一步帶領教師、學校和學區，發展能促進深度學習所需的知識和技能。

啓程

1. 閱讀

深度學習：參與世界改變世界

先回顧深度學習第一本書的主要概念，再使用這本書中的工具和操作指引，幫助你集中精力並採取行動。我們建議以讀書會的形式來探討這些概念和示例，然後探索如何運用在你的課堂、學校或學區。

2. 組織

學習夥伴、團隊或網絡

依據組織的需求開始行動，以下是個人、學校和學區組成學習團隊的一些方法。

角色相似的學習夥伴

儘管個人可以獨立使用這些工具和方法，但組織協作學習的團隊則可加速加深新實踐方式的發展。在設計和評估深度學習過程中，年級團隊、處室或志趣相投的同仁及其網絡，可一起探究這些操作指引和工具，以深耕專業知識和技能。

學校

你可和感興趣的小組或同仁一起運用這本書來發展深度學習的能力，或將其作為整體學校變革的焦點。建議組織一個領導團隊來加速進展，讓學校成員在參與深度學習和彼此合作的過程中有所得，並懂得將想法和方法應用於課堂的教學。

當成員學會向他人學習且能相互學習，高度信任的學習文化便得以發展，同時也為創新行動奠定蓬勃發展的良好基礎。

學區網絡和團隊

在深度學習發展過程的每個步驟中，學校可擴建團隊／網絡組織，相互學習、應用和分享見解。這些組織和成員可以一起探討操作指引、將想法應用於課堂中並共享發現，以加速深度學習的傳播。

3. 潛進

實用工具書

個人和團隊可運用操作指引、短文、迷你案例和示例來擴展合作的機會，建立新關係以及從工作中學習。

架構

本書分為六個部分共十二章：

- 第一部分：潛進深度學習
- 第二部分：深度學習的架構
- 第三部分：學習進程
- 第四部分：設計深度學習
- 第五部分：評量實作
- 第六部分：深度學習能力建構

本實用工具書包含 44 個操作指引。所有教職員參與共同的學習經驗就是深度學習歷程的起始點。操作指引用於促進與深度學習有關的對話和批判思考。在每一個章節中，參與者都將透過使用這套工具和資源來增進對深度學習的理解。表 2.1 提供了 100 多種工具、組織圖、短文、示例和案例研究的概覽，有助於我們探討深度學習。

每一章都由四個部分組織而成：

1. 關鍵概念

每章的開頭都有關鍵概念、相關研究和實施的概述。

2. 操作指引

每個操作指引都提供一種學習策略，用以深入研究深度學習的工具和過程。設計的目的旨在培養有效的專業對話，藉此建立技能、知識和對實踐的洞察力。每個操作指引都提供詳細的文字描述，並有引人探究的指導策略，用以促進同儕的對話。每個操作指引由以下五個部分組成：

- 目的：學習經驗的特定學習成果
- 流程：促進協作學習的步驟
- 組織圖：記錄、分析或綜整想法和見解
- 時間：建議學習經驗所需的時間
- 資源：相關影片和文件檔案的參考資料

3. 工具

深度學習進程、評量規準和過程

4. 資源

描述深度學習經驗的短文，和運用學習設計模板產出新的學習設計示例，涵蓋不同年級和學科領域。

表 2.1 深度學習的工具清單

全球素養	設計深度學習	建構深度學習能力
工具		
深度學習進程： ● 品格 ● 公民素養 ● 協作 ● 溝通 ● 創造力 ● 批判思考 學生版的深度學習進程： ● 品格 ● 公民素養 ● 協作 ● 溝通 ● 創造力 ● 批判思考 學生自我評量工具	學習設計： ● 評量規準 ● 計畫模板 ● 訓練工具	● 教師自我評估工具 ● 簡易對話指南 評量規準 ● 學校現況 ● 學區現況
組織圖		
● 何謂深度學習的深度？ ● 實作快速掃描──6Cs 觀察組織圖 ● 4A 組織圖	● 四要素紀錄表 ● 學習設計四要素組織圖 ● 四要素應用組織圖 ● Y 形圖 ● 深度學習架構圖 ● 維恩圖 ● 學習設計評量規準組織圖 ● 尋找「教學實踐」的證據 ● 反思學生表現的組織圖 ● 評量深度學習任務規範組織表 ● 學習設計觀察表	● 交互深度聆聽的組織圖 ● 教師行動計畫組織表 ● 塗鴉組織圖 ● 學校現況評量規準：關鍵想法組織表 ● 100 天學校深度學習計畫 ● 三步驟訪談組織表 ● 「什麼？那又如何？」組織表 ● 學區評比各校現況的組織表 ● 學區深度學習計畫
資源		
短文 ● 蜜蜂、改變 ● 問你自己：那又如何？ ● 學會同時應付人生的許多需求 ● 沒有 B 星球 ● 每天的深度學習：心靈的運動 ● 跳出傳統思維框架的學習 ● 天空不是極限 ● 有利於學生的語言：用適合他們的方式進行	● 「學習設計」海報的四要素 深度學習設計示例 ● 有關地標的學習（二年級） ● 探討世界和平（四年級） ● 探討貧窮：永續的方法（六年級） ● 閃電約會：批判思考和寫作（十年級英文） ● 弱勢族群及經濟活動（十二年級經濟學） 案例研究 ● 協作探究簡介 ● 反思實踐：九年級教室 ● 誰害怕代數？	案例研究 ● 推動整個學區轉向深度學習

建構深度學習的能力

儘管仍會有教師置身事外，但總會出現能夠超越系統並創造卓越成就的先驅者。我們關注於幫助教師（在學校、學區、或系統內所有的教師們）樂意採用能促進深度學習的新教學法。我們不能依賴個別教師扭轉潮流，而是需要一種方法來動員整個學校、學區和系統，重新設定教學實踐，並使用這個模式實施行動計畫與反思。藉由協助教育工作者和學生轉變學習的文化作為出發點，學校便可朝持續深耕深度學習的方向發展；如果教師和領導者沒有認真深度思考，他們就不太可能為學生創造深度學習的環境。透過採取一系列的策略來培養能力，學校和學區就可以運用新的教學法來發展和加速推進學習的文化。

建構能力的四個策略

- 建立規範和關係以提高實踐的透明度
- 使用以研究為本的教學策略來建立共同語言和技能
- 建立具有目的性的機制，能找出並分享創新的實踐
- 在新的實踐方法中能運用回饋和支持，提供了老師持續建構能力（包含知識和技能）的機會

培養學習的文化

每個人都需要安全感且感受到支持，才會願意冒險並改變其做事的方式。因為規範提供尊重的共同語言並建立實踐的一致性，共同制定規範是建立安全創新環境的重要方式。舉例來說，第 29 個操作指引就提供了共同發展協作評量規範的流程與步驟。

協作者角色

協作者的角色對於深度學習是否能在教室和成人間的成功至關重要。無論是正式或非正式的協作者都扮演主要學習者的角色，同時也是激發者、文化建立者和連結者。

核心的協作者可能扮演的關鍵角色包括

- 闡明協作的目的
- 建立一套協作的規範

- 安排學習工作坊：日期、時間、地點
- 理解並協助每個工作坊的操作指引
- 獲取所需的資源
- 鼓勵所有人參與
- 解決問題或挑戰
- 與團隊成員定期溝通

參與學習者的角色

參與者在學習團隊中擔任五個關鍵角色

- 代表各種觀點
- 分享專業知識
- 公開透明
- 全心參與
- 應用新的思維並分享見解

請使用工具和操作指引來探索深度學習，並潛進你的課堂、學校或學區，一起來轉變學習吧！

Note

"" 這與前導性計畫或附加計畫無關，
而是重新思考學習過程。 "

── 《深度學習：參與世界改變世界》

第二部
深度學習的架構

"我們在這裡想提議的是，讓深度學習從僅為少數學生服務的邊緣位置，成為所有人學習的基礎。"

—— 《深度學習：參與世界改變世界》

第三章
深度學習架構

要從傳統方式轉向深度學習，這樣大規模的改變，需要一個可引導行動，但又不會限制行動的模式，這個模式要具備全面性卻又不能沒有效率。我們和夥伴一起發展出這樣一個模式：五年前我們提出了最初的架構，然後透過行動及反思來持續深化及活化這個架構。我們用許多的示例和短文來建構這個模式，既能說明實務，也給予我們洞察力來理解深度學習理論，以及能啓動、實施與推廣深度學習的策略。爲了要扭轉 Kurt Lewin 的觀察，我們說：「好的實踐即是理論。」當你有好的點子，就需要變革的理論，當你有複雜的想法，就需要行動的理論。實用工具書便是我們用來幫助學校、學區和系統推動社會運動的行動理論。

深度學習架構

我們發展的深度學習架構是一套規劃和檢核的工具，以及協作學習的過程，用來設計學習經驗，使之能夠創新知識及解決生活問題。學習成果的改變，除了會徹底轉變教學實踐，也會改變組織條件讓深度學習得以蓬勃發展，各階層若能共同致力於轉變學習樣態、教學法及成果，我們就能釋放所有學生的潛能，讓他們得以在複雜社會中茁壯成長。深度學習被證實能適用於各種學校、學區及系統，並提供轉移實踐的具體方式；同時，應用深度學習架構及工具可促使深度學習快速普及。過去五年的實踐所產生的新見識和策略，經由全球的發現與傳播，證實了深度學習架構和作法已見成效。要建立教學實踐的全球性社群以建構能力，已成爲關鍵的焦點。

圖 3.1 描述深度學習架構的四層支持圈，包含三個關鍵構成要素：第一，要能界定清楚的學習目標及何謂深度學習者——就是要精熟全球素養

（6Cs）。第二，只有在我們能定義學習過程，且能讓教師、領導者、學生和家庭改變其思維與實踐的情況下，深度學習才有機會在課堂裡實現。第三，唯有我們營造出創新、成長及全面學習文化的條件下，深度學習才會在整個學校及系統中發生。

圖 3.1　深度學習架構

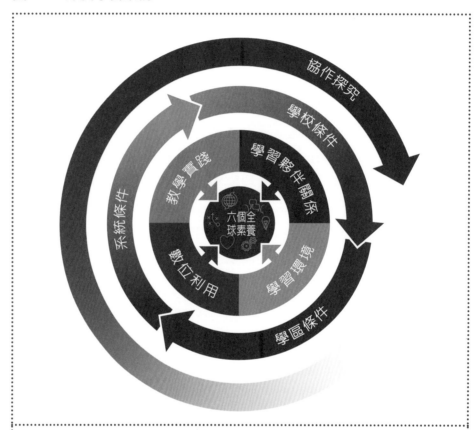

第一層　在正中心的全球素養提供深度學習者明確的圖像。

第二層　學習設計四要素的流程架構提供教師、學生、領導者和家庭可輕易轉變思維與實踐的方式。

第三層　推動深度學習的條件敘明每一個階層需備妥的環境，以促進學校、學區／自治市和系統的創新、成長和學習的文化。

第四層　協作探究圍繞著每一層——是持續改善的過程。

每一個核心要素由一套工具和過程所支持，羅列於表 3.2。

表 3.2　深度學習架構：工具和過程

層別	目的	工具
第一層 深度學習的六 個全球素養	在架構正中心的第一層支持圈，是深度學習的核心價值，由六個全球素養代表，也被稱為 6Cs：品格、公民素養、協作、溝通、創造力、和批判思考。 深度學習即為習得六個全球素養的過程。這些素養指涉的能力包括越趨複雜的思考和問題解決、協作技巧、自我了解、負責任的品格、能同理他人，和參與世界改變的公民行動。如果教師、學生和家庭想建立共同的語言和期待，就有必要在這一層明確化學習成果的指標。 此層的學習進程工具，為每一個素養提供向度及邁向精熟階段的詳細陳述。進程的敘述可用來評估起點、設計學習歷程及檢核進度。 我們也提供學生版的進程工具，用學生能理解的語言來陳述，以方便學生評估及監控自己的進步。	深度學習進程： ● 品格 ● 公民素養 ● 協作 ● 溝通 ● 創造力 ● 批判思考 學生版的深度學習進程： ● 品格 ● 公民素養 ● 協作 ● 溝通 ● 創造力 ● 批判思考 學生自我評量工具
第二層 深度學習設計 四要素	架構的第二層是學習設計四要素，用來設計深度學習經驗：包括教學實踐、學習夥伴關係、學習環境和數位利用。教師和學生刻意及精確地使用四要素，確認複雜性和深度融攝於學習經驗，以促進學生的成長；同時也為學生搭建學習必要技能的鷹架，以最大化學習成果。再者，這些要素為老師、學生和家庭建立新的互動關係，並利用數位工具來促進及擴大學習效果。	學習設計評量規準 學習設計計畫模板 學習設計訓練工具
第三層 建構深度學習 能力的條件	第三層的支持圈敘明能夠促使學校和學區快速擴展深度學習的推動條件。這些條件清楚說明有哪些政策、實踐和行動最能促進六個全球素養和學習設計四要素的發展。而評量規準可用來確認需要改進的項目和優勢、指導改進方向、評估進程、或以之促進整個學校及整個學區發展。	教師自我評估工具 深度學習學校現況評量規準 深度學習學區現況評量規準
第四層 協作探究過程	架構最外圈為協作探究過程，打穩深度學習的根基及促進各層的互動效果。雖然是最外圈，但並非是最後一步；相反地，透過在所有的發展階段創造有力的對話，讓深度學習滲透到每一層。這個過程可能是由設計深度學習經驗的教師使用，也可由相互校準學生作品和成長的團隊使用，領導者在評估學校和系統層級發展深度學習所需的條件時，也可使用。	協作探究過程 簡易對話指南

第三章

架構和工具能在脈絡中順利進行是因為它們：

● 建立在既有的成功之上。

● 將學校和學區連結到由專家和實踐者組成的全球社群。

● 推動學習設計和評量的精確性。

● 培養影響結果的協作文化。

● 加速正向的改變。

● 建構能改變整個學校、學區和系統的節奏與動力。

實行深度學習不會只有一種方式；然而，當教師在校內或跨校進行協作，當教師有豐富的示例、操作指引和協作的過程，深度學習就會逐步開始加速。參與變革的人們不會是孤軍奮戰；我們將持有共同目標的人連結起來，便能共同解決問題並產生共同承諾，以堅持變革行為。一旦教師和領導者能夠共同聚焦於深度學習和有目的性的作為，便能產生共同的理解並實現深度學習。

結語

在以下的章節，我們邀請你來使用我們的工具和過程，將深度學習的想像化為具體行動。我們已經創造一個系統，讓新手和已經踏上旅程、具有經驗的前輩產生連結。甚至，我們開發了前置作業模組來幫助新手上路，還有可讓系統持續改善的支持工具。這些都將由我們這些創辦人和在地領導者一起帶領大家；在地領導者了解深度學習，也使用過這些工具且具備絕佳經驗。簡言之，你必須開啟這個旅程；在旅程途中，很快地也會有學習者社群加入你的行列。

在下一章，我們將探究深度學習架構的基礎，即深度學習全球素養（6Cs）。

Note

"當我們在進行這項工作時，看到橫跨性主題自然地出現：參與世界改變世界；做好事、學更多；世界需要我。這些主題是從體驗式的深度學習中萌生，它們因此不是表淺的。……這些新發現可以說是從深度學習者的實作中產生而出的。"

── 《深度學習：參與世界改變世界》

第四章
深度學習全球素養

　　連結力、社會變遷和全球動態的變化，皆迫使學校和學習發生改變。世界變得越來越複雜，故只依賴大腦來記憶套裝知識和成就的時代已然結束。我們需要學生擁有全套的全球素養，以培養他們成為有創意的問題解決者，能有效地合作並開展行動的領導力。最近有一篇文章〈2019 年企業最需要的技能〉（**The Skills Companies Need Most in 2019**）提到：找工作的人需要具備越來越複雜的技術能力、嫻熟分析方法、學會問題解決技巧，還要有好的人際關係能力。我們需要很明確地培養學生習得這些全球素養，以準備好迎接全球性改變的挑戰。

　　重新想像學習的第一步，是我們得清楚知道，如果學生要獲得終身的成功，我們想要學生有什麼樣的成果？我們曾與全球夥伴一起探詢：「什麼是學生必須知道的？有能力做的？成為世界公民不可或缺的？」結果，我們確認了六個全球素養（6Cs），這些素養陳述學習者作為世界公民且能成長茁壯，所需要的技能和特質。在我們的定義中，深度學習就是獲得這六個全球素養的過程：品格、公民素養、協作、溝通、創造力、批判思考。這些素養涵蓋惻隱之心、同理心、社會情緒能力的學習、創業精神，還有在這個複雜世界運行的相關技能。當學習者沉浸於學習這六個全球素養時，他們會學得更多，而這樣的學習不僅對他們的未來有所幫助、通常也能讓他們的社區和社會變得更好。

定義素養

　　單單為素養命名，就已經讓定義更為明確，但只有這樣並不能幫助教育工作者、學生或家庭對素養有同樣深度的瞭解。目前，我們和夥伴國家共同進行生活實驗室，其目標要讓這套常被教育工作者含糊引用的概念變得清晰易懂。

舉例來說，教師們也許很容易接受協作這個詞，但如果問十個教師，「要成為有效的協作者，其代表的意義為何？」你很有可能會得到十種不同的答案。接下來，如果問他們要如何檢核「協作」的深度和品質，他們的回應甚至變得更不清楚。在探究未來所需的技能時，我們發現，溝通、批判思考、創造力和協作這四個素養，已經被列在 21 世紀能力的清單上有將近二十年之久，卻仍然缺乏能超越單一課室、穩健實行或是評量這些能力的有效方法。亦即，以素養導向的教與學來進行大規模變革，還是很少見的。

除了溝通、批判思考、創造力和協作，我們還加上了品格和公民素養。品格和公民素養漸漸證明是改變傳統學習的核心。品格素養建構了學會如何學習的內在特質；對人生要有正向的思維；要具備勇氣、堅持、毅力和修復力；還要能夠同理他人和具備惻隱之心，並且可以正直行事。公民素養培養能與外在世界互動的技巧，建構全球視野；讓一個人能為了多元的價值與世界觀，帶著同理和惻隱之心展開行動、促進人類和環境的永續、還能解決真實世界中模稜兩可且複雜的問題。也就是說，品格和公民素養是讓創造力、溝通、協作和批判思考付諸實現的根本條件。

每一個全球素養都會由特定的向度來定義，如表 4.1 所示。

全球素養（6Cs）獨一無二的特性

我們的六個全球素養（6Cs）在全面性、精確度和可檢核性這三個關鍵方面，與傳統的 21 世紀能力清單有所不同。

全面性：全球素養非常穩健且可以用廣義的方式來定義，這些方式可以套用至所有的學科專業和不同階段的發展。舉例來說，創造力的發展常常專屬於藝術領域，但深度學習的架構認為所有的學科專業和發展階段都應該培養這個關鍵素養。當所有學科專業和發展階段都欣然採納了這些素養全面性的內涵，請想像其所帶來的優點 —— 不同學科、不同年級的師生，都能夠使用相同的語言進行豐富的討論；隨著時間過去，他們會體驗到這些素養的關聯性，而且會看到這些素養是如何真實且能普遍地應用在真實世界中。

精確度：要能夠輕鬆地將這些素養付諸實踐，代表著要為每一個素養建立一套更詳細的特質和技能，以及檢核它們發展的方法。每一個素養都有發展出一套深度學習進程，每一個進程可拆解成四到五個向度。這些向度詳細陳述發展素養所需要的技能、能力及態度。不可諱言，進程工具的精準語述，可引領學習者在一條清楚的道路上追求進步。進程工具也可為專業對話定錨，提供設計及評量深度學習時所需的共同語言。

表 4.1　定義深度學習的六個全球素養

品格
- 對於人生和學會如何學習採取積極的態度。
- 具備勇氣、堅持、毅力、和修復力。
- 表現同理、惻隱之心和正直的行為。

公民素養
- 具有全球視野。
- 為了多元價值與世界觀，透過同理和惻隱之心致力於人類平等與福祉。
- 對於人類和環境的永續抱持真誠的志趣。
- 為了造福人類，解決真實世界中模稜兩可且複雜的問題。

協作
- 團隊以相互依存的方式進行工作。
- 具備人際關係及與團隊合作的技能。
- 具備社交、情緒及跨文化的技能。
- 管理團體動能和因應挑戰。

溝通
- 溝通的設計有考量到受眾及其影響。
- 訊息足以倡導目標且產生影響。
- 反思旨在促進發展及改善溝通。
- 意見和身份認同的表達旨在促進人文關懷。

創造力
- 具備經濟和社會的創業精神。
- 提出優質的探究性問題。
- 力求提出新穎的想法和解決方式。
- 能將想法化為行動的領導能力。

批判思考
- 能評估資訊和論點。
- 能產生連結並且辨認不同模式。
- 能生成有意義的知識建構。
- 能在真實世界中對想法進行實驗、反思並採取行動。

可檢核性：師生使用深度學習進程來評估起始點、發展關於成功的共同語言、促進發展、監測進度、以及檢核學習者隨著時間逐漸演變而得的成長。第五章會描述每一個素養的進程範例，以及使用它們的方法。

進行中的全球素養

那麼，實施這些素養時的樣貌為何？走進深度學習開始紮根的學校和課堂裡，你會看到極為好奇的學生，他們會彼此提問，也會跟教師、家人、甚至是向跨地區或全球的專家請益。課堂裡總是有對話的聲音；因為學生要盡力解決真實生活裡的問題或者正探究一些想法，這樣他們才能理解這個世界。每個人都高度專注；你會聽到學生說出他們正在做什麼、學什麼，還有為什麼。他們能夠描述正在學習的技能，以及需要做什麼才能變得更好。他們對於自己能夠將所學說給同學或社區成員聽而感到自豪，因為學習是真實的、有意義的、而且與生活相關的——這些學習是有價值的。整體而言，由於這些學生、家庭、教育工作者、社區和社會要專注於產生新的結果，他們之間的學習關係因而被重新定位。在本章最後，有幾篇真實學習經驗的短文，可以讓你有更進一步的瞭解。

新興的獨到見解：傳統學習與深度學習

一旦教師們開始使用六個全球素養，他們會開始注意到深度學習經驗的實作方式及其成果的重大差異是如何產生的。

表 4.2 傳統學習與深度學習

傳統學習	深度學習
教師發動	學生主導——教師建立框架
傳遞既有知識	幫助學生與真實世界連結、解決真實問題
遵從規範	建立學習者、教師、家庭和社區間新的關係
學生是知識的接收者	學生是探詢者、知識建構者
學習是不考慮個人的	學習可以有意義地連結到學生的興趣與意見
學生主體能動性不明確	深化人類的渴望，連結他人並做好事

連結社會情緒的學習、公平和福祉

　　教育出現了巨大的改變，從原本只專注於標準化測驗分數轉變成注重孩童整體的教育、公平和福祉。2018 年 Gallup 民意調查公司針對 2,000 位督學所做的民調指出，88% 的督學同意，學生的投入度是學校成效的關鍵指標；75% 的督學說，對學校而言，讓學生準備好成為好公民是個挑戰（Stringer, 2018）。過去一年中，原本專注於標準化測驗但轉而專注整體學生和投入的比例，從 50% 變為 75%。當督學們被問到要如何檢核社區裡公立學校的成效，只有 9% 的人說標準化測驗很重要——學生對於未來的希望、學生的學習投入，以及高中畢業率則變成多數人的選項。不過，學生的投入依然是個問題；先前提到，學生的投入從五年級時的 74%，掉到十二年級時的 34%。我們發現參與深度學習不僅會產生較高比例的學習投入，對個人和社會而言，也會產生較公平的結果和更好的福祉。

　　當學生被邀請以不同方式展現學習，當學習環境能包容所有學生，讓他們可以做出貢獻和改變，那麼即使處於很邊緣的學生也會渴望有所成就，並開始認為自己的學習是有效的。教師們常常回報說，那些傳統上沒有得到學校系統充分照顧的學生，有些獲得了前所未有的成就。學生的社會情緒福祉不單由一個計畫或活動就可以產生，而是透過我們創造連結、價值感、和安全感的學習環境發展而來的。

深度學習與識字力、計算能力和課程成果的連結

　　教師們最一開始的問題就是：「如果我花時間在深度學習上，要怎麼把課程都上完？」你最需要了解的是，六個全球素養並不是額外附加的東西，而是一種增強學習的方法；你可以將六個全球素養視為一種透鏡，用它來檢視課程標準。舉例來說，如果你教的是歷史，也許只提供了表淺的講解，即限於教科書章節裡所列的日期和事件。運用深度教學法時，你可以挑選且刻意關注某個素養（如批判思考），當你思考「我要如何深化批判思考的層次？」，以這樣的問題來思考課程標準，不僅能讓學生學會探究事件，還能研究這些事件對社會和未來事件的影響及可能的後果。已經有無數的案例證明，教師一開始的時候以他們現在的課程作為起始點，然後漸進深入。深度學習不是額外的課程內容，而是讓學習者更能沈浸於學習過程，好促成他們投入學習、擴展知識和技能，並激發思考。

啓程

　　一旦教育工作者、學生和他們的家人體驗到深度學習經驗的充沛與潛力，就會變得更加投入；與別人互動時，就會開始將深度學習散播出去。有一位校長開啓深度學習旅程後，分享了以下的建議。

> 關鍵是要緩慢而堅定──改變教師的教學法和教與學的心智習性需要時間。用共享的願景開始，這個願景是學生需要什麼樣的技能（六個全球素養）好讓他們能在未來獲得成功。同時，說出在學校裡，你是如何給學生機會學習與表現這些技能。花時間在校園裡慶祝正在發生的深度學習十分重要──這讓你可以根據那些很棒的點子，持續精煉進化深度學習的過程和學習的願景。
>
> ──Frank Bradica 校長

　　本章中的六個操作指引能開啓有力的對話，並讓其在學校、學區、社區裡流動。用這六個操作指引去探索可能性、建立對深度學習共同的理解，以及檢視這六個全球素養。該是找到學習夥伴或團隊、潛進深度學習的時候了！

結語

　　定義全球素養能帶來更佳的明確性、共同的語言、並對該素養在實作中的樣貌有共同的理解。這些定義會引導對話和觀點，但卻不足以檢核素養的發展。在第五章中，我們會介紹深度學習進程，並提供每一個素養不同向度的描述，以及學生達成學習精熟的可能路徑。

操作指引

01. 重新想像學習

我們邀請學習夥伴或是團隊一起思考能轉變學習過程的可能方式。我們的影片會提供一些共同經驗，作為引發討論各種作法的催化劑。

02. 何謂深度學習的深度？

利用本章節最後的短文來建構對於深度學習特性的共同理解，短文也可用來形塑學生和教師採用新學習方式的願景。

03. 深度學習中的全球素養

提供深度學習的發展策略，以激發討論、澄清我們的學習信念與假設。

04. 實作快速掃描

在充份的討論中，以教師的交談內容作為起點，延伸關於深度學習的理解。

05. 用深度學習更加深化

探索六個全球素養的各個向度，並將目前學校、課堂的方法做比較。

06. 教師對於深度學習的意見

檢驗各式各樣的深度學習經驗（在影片中錄製到的），用來理解素養在實作中的樣貌，請選擇能與你自己教學有所共鳴的年段。

短文（請見本章末附文）

- 蜜蜂、改變
- 問你自己：那又如何？
- 學會同時應付人生的許多需求
- 沒有 B 星球
- 每天的深度學習：心靈的運動
- 跳出傳統思維框架的學習
- 天空不是極限
- 有利於學生的語言：用適合他們的方式進行

更多訊息

閱讀《深度學習：參與世界改變世界》，第一章與二章。

01. 重新想像學習

目的：用一般的經驗產生對未來思考的
興趣

過程：思考—配對—分享

時間：**45** 分鐘

資源：
- https://deep-learning.
global/ 上的影片
Rubik 的方塊：等待被回
答的問題。

① **觀看影片**，如〈Rubik 的方塊：等待
被回答的問題〉（Rubik's Cube：A
Question Waiting to Be Answered.）。

② **思考**
- 什麼樣的想法或可能性會激發你的
興趣？
- 什麼事情會讓我們退縮，而無法看
到更多像這樣課堂的學習？

③ **配對**，而後分享你的想法。

④ **輪轉**，跟新的夥伴**分享**。

⑤ 回到大組**討論**湧現的關鍵想法。

"" 我們共同最大的希望就是
深度學習者能夠承載這個
世界。""

——《深度學習：參與世界改變世界》

02. 何謂深度學習的深度？

目的： 建構對於深度學習特性的共同理解　　　　**時間：30 至 60 分鐘**

過程： 分享和交換

① **選擇**，並閱讀一篇深度學習的短文。

② **思考**

- 是什麼特性／特徵讓其成為深度學習的經驗？

- 在這個示例中，學生和教師角色上的改變是什麼？

③ **與夥伴討論**，分享你的故事摘要，還有讓此學習經驗變得深入的元素（4分鐘）。

④ **輪轉到新的夥伴**，討論學生和教師的改變。

⑤ **四人為一組**，用組織圖把從所有故事中學到的東西組合起來。

資源：

短文（請見本章末附文）

- 蜜蜂、改變
- 問你自己：那又如何？
- 學會同時應付人生的許多需求
- 沒有 B 星球
- 每天的深度學習：心靈的運動
- 跳出傳統思維框架的學習
- 天空不是極限
- 有利於學生的語言：用適合他們的方式進行

我看到深度學習的 特性有……	我看到學生的 改變是……	我看到教師的 改變是……

第四章

03. 深度學習中的全球素養

目的：建構對全球素養的共同理解與興趣

過程：最佳素養辯論

時間：15 至 25 分鐘

① **六人為一組**，檢視六個全球素養的描述（見表 4.1）。

② **提供示例**。小組中每一個成員各負責一個素養，提供素養在實作中可能呈現的樣貌示例，或是這個素養在他／她的課堂或學校裡是如何發展出來的。

③ 把示例**分享**給組內的六位成員。

④ **辯論**，哪一個素養最能讓學生準備好面對未來。

品格

公民素養

協作

溝通

創造力

批判思考

定義深度學習的六個全球素養

品格
- 對於人生和學會如何學習採取積極的態度。
- 具備勇氣、堅持、毅力、和修復力。
- 表現同理、惻隱之心和正直的行為。

公民素養
- 具有全球視野。
- 為了多元價值與世界觀,透過同理和惻隱之心致力於人類平等與福祉。
- 對於人類和環境的永續抱持真誠的志趣。
- 為了造福人類,解決真實世界中模稜兩可且複雜的問題。

協作
- 團隊以相互依存的方式進行工作。
- 具備人際關係及與團隊合作的技能。
- 具備社交、情緒及跨文化的技能。
- 管理團體動能和因應挑戰。

溝通
- 溝通的設計有考量到受眾及其影響。
- 訊息足以倡導目標且產生影響。
- 反思旨在促進發展及改善溝通。
- 意見和身分認同的表達旨在促進人文關懷。

創造力
- 具備經濟和社會的創業精神。
- 提出優質的探究性問題。
- 力求提出新穎的想法和解決方式。
- 能將想法化為行動的領導能力。

批判思考
- 能評估資訊和論點。
- 能產生連結並且辨認不同模式。
- 能生成有意義的知識建構。
- 能在真實世界中對想法進行實驗、反思並採取行動。

第四章

04. 實作快速掃描

目的：檢驗實施中的全球素養

過程：實施中的全球素養

① **選擇**一個課堂實作的影片（https://deep-learning.global/），尋找六個全球素養的示例。

② 針對你所觀察的素養，在組織圖**記錄**其在實作中的樣貌**證據**。

③ **分享你的發現**，討論如何發展素養。

④ **思考**你即將教授的**一堂課或是一個單元**，並思考可將一個或更多全球素養納入學習設計中的方式。

時間：30 至 45 分鐘

資源：
https://deep-learning.global/ 上的影片
- 謎團任務 Wooranna Park（澳洲）
- 使用機器人的深度學習（烏拉圭）
- 根計畫（美國）
- 健康吃（加拿大）
- 幼兒園學童為專家（美國）

> 學生的潛能尚未完全開發；透過深度學習賦予他們的發言權及選擇權，我們便可看到他們對組織、社會和教學法的重大變革產生巨大的影響力。

—— 《深度學習：參與世界改變世界》

實作快速掃描——6Cs 觀察組織圖		
品格	公民素養	協作
溝通	創造力	批判思考

05. 用深度學習更加深化

目的：延伸思考何謂深度學習的深度

時間：**15 至 30 分鐘**

過程：啓動深度學習和 **4A** 的策略

① **提供文字說明**，該文字說明爲啓動深度學習的策略。

② **邀請**參與者先自行默讀，然後用 4A 組織圖迅速記下他們的回應。

③ 以小組方式**討論**回應。

啓動深度學習的策略

你對於以下深度學習策略的反應爲何？

→ 支持學習者成爲「臥底者」，也是未來的形塑者。

→ 教導學生成爲問題的設計者──把思考從「是什麼？」轉變成「可能是什麼？」

→ 不僅要求學生解決問題，還要支持他們參與課堂以外的學習。

→ 要培養學生成爲永無休止的業餘者，永遠都能學習和成長的心智習性。

→ 將所有孩子都納入深度學習的機會，尤其是那些現行系統無法好好照顧的孩子。

→ 相信孩子會超越我們的期待。

→ 承認創新和創意是我們人類的內在元素，讓它們閃閃發光。

4A 組織圖
同意（Agreements） 我贊同哪一個策略？為什麼？
渴望（Aspirations） 我會追求哪一個策略？為什麼？
爭論（Arguments） 別人可能會不同意哪個策略？為什麼？
假設（Assumptions） 辨識出有隱藏性假設的策略。它們是什麼？這可能與什麼相關？

第四章

06. 教師對於深度學習的意見

目的：連結其他教師深度學習的經驗　　　　時間：**20 至 30 分鐘**

過程：使用建構知識的提示詞

① **形成人數較少的小組。**

② **選擇一個引言。**每個人選一個教師的引言（印在背面），而後用建構知識的提示詞做回應。

③ **建構。**每個成員都用提示詞來建立思考。

④ **分享和重複。**下一位成員分享他們的引言，然後重複這個過程。請見對話示例。

這讓身為教師的我，用全新的方式看待我的學生，重新確認了我一直以來所相信的：我們的年輕人是未來的關鍵。

Michelle Howe（加拿大）

教師觀察到，因為較年長的學生扮演同儕教師的角色，他們發展出更深的理解與寬容。

Kahukura Cluster（紐西蘭）

我們一再體驗到的，就是我們還給人們屬於他們的專業實踐。

Jelle Marchand 和 Annemarie Es（荷蘭）

我學習到如果要有創造力，就需要擁有被允許失敗的安全感。如果失敗不能是選項，學生就不會為了要有創意而去冒險。相反地，他們會繳交出他們認為老師想看到的東西，因為這樣才能「成功」。

Andrew Bradshaw（加拿大）

關於深度學習的教師引言

❝

我注意到,當男孩們將不同的技能套組帶到團體中,他們受到肯定且會認可彼此。這並不全然關乎誰能夠在學術上貢獻最多,他們也從其他的生活經驗,像是之前努力的建立的計畫中,獲得在團體中的地位。

Paramatta 學校團隊(澳洲)

關鍵在於我們進行有意義的協作、有機會反思我們做的事,以及做這件事的原因。

Laura White(加拿大)

從小地方開始,漸漸接受一我完全同意一然後我們有一種無畏的態度:你不需要全部都弄清楚。

教師(美國)

看到學生在處理真實世界的議題,且能想出他們自己原創的解答,這真是很棒的事情。

RNPS(澳洲)

我的學生完成這個計畫後,覺得更加投入且展現自信,他們也覺得學會了能夠在未來使用的重要技能。

J. Wilkinson(加拿大)

我們的氣象熱氣球計畫是一個很成功的跨領域模組。最後,它涵蓋了更多的學校科目,而且比起剛開始設計時,有更多的教師參與。

Aki Kukkonen、Janne Niemine、Jussi Roms(芬蘭)

我們發現,即使計畫一開始僅基於協作,但因為這個計畫的範疇,它有效地處理到其他所有的素養。

Ryan Dufrane、Alicia Morrallee、Jeremy Mahoney(加拿大)

科技影響孩子的學習之深令我感到驚訝一科技不只是影響了動機,學生也在不知不覺中學到新的東西。

教師(烏拉圭)

我教低年級小學生已經 10 年了,從來沒有參與過任何像這樣有意義且重要的學習。……我已經看到,一年級學生原本應非常自我中心,但我的學生以能成功同理世界上其他人。

Kevin Hall、Madeline Parthum (美國)

❞

06. 教師對於深度學習的意見（續）

**建構知識的
提示詞**

我想……

我還需要了解……

我的理論是…

建構於這個想法之上……

這無法解釋……

我們需要證據，好……

我會想要研究……

有一個很棒的想法……

另外一個看待的方式是……

例子可能是……

比較／類比是……

另外一個說法是……

建構知識討論的範例

A：我選了這個引言：「我們一再體驗到的是，我們還給人們屬於他們的專業實踐。」另外一個說法是，深度學習支持教師成爲思考者以及貢獻者。

B：我的理論是，如果你尊重教師，讓他們能聚在一起分享想法、反思實作，這會幫助他們成爲更出色的教師。

C：例子可能會是我們去年進行的發明大會。我們有一些課後時間，常常聚在一起計畫，計畫結束時，都覺得自己學到很多……孩子也是。

D：一個很棒的想法會是：拿我們去年計畫做過的東西，看看是否可以應用到這個深度學習裡。這也許能讓我們更進一步地將它精緻化。

B：是的！根據這個想法……如果我們能夠在這個過程中，尤其是在我們反思這個學習時，收集更多的證據，這也許能展現出我們在專業上的成長。

蜜蜂、改變

在 Bessborough 小學裡，深度學習正在大量發生。Nick Mattatall 校長跟他的領導團隊在參加 NPDL 增能工作坊時，一堂遠在 1,200 英里以外，三年級的深度學習課程激勵了他們。藉由探索下降中的蜜蜂數量，該任務鼓勵學生悅納像是公民素養、協作、和批判思考的素養。

Mattatall 和他的團隊研究了這個任務，重新設計後應用在自己的學校。六年級的教師 Julie Gautreau 問學生可以如何保護蜜蜂？學生們興奮地討論想法。她說：「當學生了解到我們所吃的食物中有三分之一來自於這些授粉者，他們決定要做點什麼，以提升對這個議題的意識。」因此，這個班級開始進行研究並交流彼此的學習。他們作出 3D 模型，用 Minecraft 製作蜂巢之旅，還有蜜蜂旅館。學生展示給父母看、也跟其他班級合作、甚至用 Spheros 智能球（機械球體）重現蜜蜂的舞蹈。所有學生，即使是那些有出席率問題的學生，都對這個學習感到興奮。Gautreau 說：「學生完全地投入⋯⋯這是他們產出的東西。我身為教師的角色改變了！」

> 學生：「失敗不應該是終點。它應該是學習的起點。」

> 學生：「這個挑戰是讓有創意的人能成長茁壯的大好機會，但對沒有創意的人來說，這會是可怕的經驗。」

另外一個班級在學到聯合國 17 個永續發展目標 SDGS 後，收集超過 20,000 個一次性塑膠袋，應用設計創造出有用的東西。學生變得很有創意，製作出地墊、椅子、風箏、髮飾、拖鞋和燈罩，甚至製作了塑膠袋服裝，還在學校舉辦了服裝秀。

很快地，整個學校都像被深度學習這隻蟲子叮到一樣 (stung by bug)。在隔年，Mattatal 與 Tree Canada（加拿大樹木協會）一起辦理全校的園藝日。他們種植了果樹、莓子、大黃、番茄，還有花，用它們來轉化校地。蔬菜和水果隨後分享給鄰居以及食物銀行，也使用在學校的早餐計畫中；每兩周一次，學生送花給當地的老人；種子收成後風乾、而後用在鳥類餵食器裡；家庭則會在夏日時節為花園澆水。全校性的深度學習經驗很快演變成全社區的參與和學習。

透過這些深度學習經驗，Bessborough 的教師們實現了對課程的預期。舉例來說，七年級學生學到了永續，而四年級學生學到了棲息地。此外，數學沒有被遺忘！Mattatall 解釋：「有些班級校外教學時，會去當地的養蜂場學習養蜂這件事。他們學到使用演算法的計算方式讓授粉最佳化，這就是真實生活中的數學吧！」

當蜜蜂找到好的花蜜來源，牠會回到蜂巢，跳搖擺舞，好將花蜜的地點傳達給它們的同伴。在深度學習全球網路的新教學法中，這個例子引發了我們自己的「搖擺舞」，鼓勵我們所有人要成為那個改變者，這個改變是我們希望全世界孩子都有的。

問你自己：那又如何？

　　深度學習並不只是教授相關知識，也不只是為變動世界做準備來建構技能而已；深度學習提醒學生，他們在這個世界的意義，還有他們可以做出改變的方式。已經轉變成激發者的教師建立了一個習慣，常常問自己一個重要的問題：「所以，這到底會造成多大的改變？」在 Terri Kirkey 的課堂裡，學習者會驅動自己的學習感和目的。就讓我們更仔細來看看她是如何培養這點的。

　　Terri 最根本的工作就是要創造一個互相交流及尊重的學習環境。藉由檢視知識建構圈的目的和實作，Terri 創造了探究的文化。課程的基調是強化協作、成長心智習性還有好奇心——提問、好奇、探索。過去這一年，他們的關鍵問題集中在「我們要如何用所學造成改變？」從一開始，傳達給學生的訊息就是：這個學習很重要，你很重要。

　　為了要能回答「做出改變」這個問題，學生尋求各式各樣的資源，甚至向教師以外的伙伴求援。他們常常被提醒，要將關鍵的經驗和知識帶到課堂上以促進課堂的動能。Terri 解釋：「學生的好奇心、問題還有想法會驅動學習的方向。我們『分享我們的心智』，讓學生成為教室裡的專家，有許多機會可以分享他們的個人知識還有連結。學生在學習旅程牆（Learning Journey Wall）上的文件紀錄裡扮演主動的角色。他們協助製作可張貼的投影片，讓我們建立的連結更容易傳播開來。藉由一起建立成功的表現指標，學生也更投入學習目標和評量。」強烈的學生自主權瀰漫在教室中。

> 這全是由一個簡單的問題開始的：那又如何？

　　課堂中的學生將自己視為這個學習設計的夥伴，也是改變的主體。Terri 總結：當我們在處理新的學習時，常常問這個問題：那又如何？我們為什麼要學這個？我們可以把這個新的學習連結到舊有的學習或經驗嗎？新的學習如何形塑我們未來的學習？因為大家都要有所貢獻，我們會讚揚已知與學習間的連結、開始認可這些連結能幫助我們深化學習，也注意到學習最好是合作的。透過建構知識和分享，我們了解到自己就可以教彼此很多東西。大家一起來，我們能學更多！

　　當學生認為自己是成功的，對於更公開地分享學習就會有信心。Terri 解釋：「我們班級的部落格分享了我們的學習旅程，也分享在學校的推特貼文和學校的定期通訊裡。讓別人看到我們的經驗，能幫助發起而後擴展學生、家庭、學校間的對話；這也展現出，我們的學習經驗和全校性的參與有所連結，對在地和全球都造成改變。」

學會同時應付人生的許多需求

全紐西蘭的年輕學生都參與了全國性的「一起來朗讀」（Shared Read Aloud）活動，用像是 Edmodo、Padlet 這樣的數位工具和全國學生建立連結。Edmodo 軟體讓學生在受控管監督的社群中，彼此做線上溝通。他們選擇的書是一位紐西蘭作家 V. M. Jones 所寫的 *Juggling with Madarins*，這部文學作品可用來發展溝通素養、批判思考素養……以及人生哲思。

學生使用 Padlet 軟體先將自己介紹給遠距學校的同儕，接下來的六週，教師會張貼每週的任務。這些任務有些涉及典型溝通和批判思考的方法，例如：關於書的預測、詮釋語言、將角色具體化，或者分析情節發展。其他的任務則比較開放性，像是為他們虛構的角色建立推特帳號，或者是用簡訊的特性來建立兩個角色間的對話。

學生靠回應彼此貼文來建立想法的基礎。當學生在線上時──這是與我們所有人相關的數位素養──他們學會如何有建設性且有禮貌地對彼此的看法提出異議。這樣的來來回回自然而然地演化成提供同儕反饋。在一則貼文中，學生寫到：「雖然這個作品很不幸地是上下顛倒的，但看起來是個好的作品。你可以用……改變它，祝好運！」

> 學生：「如果你真的對一件事情很有熱情，那就去做吧。」

文學作品是反思的跳板，而學生可以在一個安全的線上空間裡分享這些深刻的見解。有一個學生寫到：「我選擇這個引言是因為它的確存在：有失才有得 (你一定要打破雞蛋才能做出煎蛋捲)。」其他人則回應：「我以前從來沒有聽過這個說法，我得去查字典。我想，人生中你必須為某些事做出犧牲，這是真的。我覺得這非常激勵人心。謝謝你把這個引言介紹給我。」

學習延伸超越了溝通和批判思考素養。這個任務提供了一個平臺，讓學生分享更多個人的想法，他們也用這個機會處理一些人生的問題。有一位學生用電腦處理解決一段痛苦的友誼，有人分享了一個見解：「人生並不總是按照計畫進行」；還有一位學生說：「我覺得這是一個人生經驗，讓我們這個年齡的孩子知道，孩子不應該懼怕他們的父母，而且要無所畏懼地讓父母親知道他們的感受。」這可以作為另一個提醒：當你創造了一個互動的學習環境，且建立了鼓勵信任和互相尊重的夥伴關係，在課程以外也能順利進行這樣的學習。

沒有 B 星球

　　當紐西蘭 Springlands 學校的教師決定要為
424 位學生啟動全校性的深度學習任務時，一定感
受到全世界的重量彷彿都壓在他們肩上一樣。「沒有 B 星球」橫跨七週，是一個整合
性、跨年級、且強調全球環境挑戰的協作演出。

　　老師邀請家長和學生支持這個學習。投入開展這個製作的有文化顧問、舞蹈教
師、專業的戲劇公司，還有 Norway 大學。一位家長大聲說：「身為成長於這個星球
的學生家長，我珍惜這個機會，讓他們不只可以學習這個星球所面臨的議題，也能夠
有發言權，透過歌唱舞蹈去展現他們的學習，發掘他們能做的事情，能真正做出改
變。」

　　當地學校和社區成員組成了這群熱情的觀眾。就如同副校長所說：
「社區對表演的品質和水準感到瞠目結舌而且覺得欣喜！他們不敢相信
學生的演出能夠達到這樣的專業水準。」

　　一位教師說，儘管需要額外的努力，這是非常值得的。她說：「看
到孩子們完全投入在這個經驗裡，非常令人興奮。整個過程從頭到尾，
他們自己發動學習，有真實的機會可以解決問題、反思，而且在自己創造出的改變中，
成為自主學習者，並且對全校造成思想上的轉變。」

　　這又是一個深度學習的極佳範例，提醒了我們，當年輕學子展現出他們無窮的潛
力，這世界就會被妥善照顧。畢竟，這是我們共同的志趣所在。如果我們能支持培養
這些創新且深思熟慮的未來領導者，這個脆弱的星球也許就不需要 B 星球了。

> 當年輕學子展現出他
> 們無窮的潛力，這世
> 界就會被妥善照顧。

第四章

每天的深度學習：
心靈的運動

David McCully 是一個體育老師，這幾年一直感到挫折，這群活力四射的 15 歲男孩沒有辦法展現出協作時的成熟度。儘管他盡了最大的努力，他們似乎就是無法了解這點，他需要嘗試不同的方法。

他問這些男孩：「哪些要素能夠成就一個好的隊友？」在一些對話後，他用 Skype 致電給一個職業運動員，請他加入討論，這吸引了學生的興趣。之後，學生列出他們認為的成功表現指標，包含了責任感、尊重、正向的態度、投入和無私，這個清單就變成學生下個月共同的檢核重點。他們用這個清單自我評估、設定每週的目標，而且定期反思，他們也錄了影片來溝通這些概念。比起平常的體育課，這鼓勵他們使用不同的技巧，最後還有一個反思日誌邀請他們回顧每週的進步。最終，McCully 要學生去找其他可以評量他們協作過程的夥伴，學生選擇了班級內外的人一起來評論他們之前設下的表現指標。

> 學生：「你一輩子都需要這些技巧。」

對學生來說，這是靈光乍現的時刻。直到那時，學生才了解到他們展現給別人看到的樣子是什麼。有一個男孩說：「這讓我看到我哪裡做得好，哪裡做得不好。」另一個則反思：「你可能會做一些對別人有害的事情，但自己卻不知道。」其他人則發現，協作的技能是可以轉移的，「球場下的關係跟球場上的同等重要，而這是你一輩子都需要的技能。」學校處於這個步調快速的世界裡，常常認定學生理解我們的期待；尤其是在中學階段，我們理所當然認為他們不需要我們這麼直白地把一些概念詳細解釋出來。McCully 發現，如果有清楚明確的焦點，並將其分解成小塊，就可幫助學生了解他們的行為會如何影響到其他人。

這位老師的經驗提醒了我們，在一般的課堂中，深度學習每天都會發生。只要對素養有清楚明確的焦點且有機會定期進行有意義的反思，學生就能更深入理解，這樣的深度學習能讓他們準備好處理未來的挑戰。

跳出傳統思維框架的學習

一、二年級的老師 Pamela Newton 自己不太相信這件事——她的學生們非常認真參與拯救數量正在下降的帝王斑蝶,甚至不再玩電玩遊戲了。

她說:「有一個學生以前總是每天在講他的 Xbox,現在談到帝王斑蝶時根本停不下來。他在下課時間會到花園工作,而且很熱切地在圖書館找跟蝴蝶相關的書籍。看到他的好奇心被喚醒,是很令人興奮的。」

不過,參與並沒有在下課鐘響後就結束。學生的父母親描述了學習如何擴散進入他們的家庭。一位家長說:「Alex 真的很喜歡有關帝王斑蝶的學習。他常常在回家時,告訴我們一些他學到的有趣事實,這也對我產生了影響。昨天我在除草時,我避開了所有的乳草。」另外一位也讚嘆到:「我想你們都知道了,Brooke 超愛帝王斑蝶的一切!我們在家裡有很多的討論。他現在每天都會跟我報告跟毛毛蟲有關的事情。我也喜歡你們把這堂課跟藝術、寫作結合在一起。這些種子炸彈和社區參與非常地棒。我熱愛跳出傳統思維框架的學習,而且覺得自己可以從這樣的學習看到很多東西。這個鄉間學習也是……,從帝王斑蝶開始,它涵蓋了很多不同學科。Youtube 上的這本書也很酷,我們已經跟親朋好友分享了這本書,而每個人都感到印象深刻。」

> 看到他的好奇心被喚醒,是很令人興奮。

Newton 很容易就找到跨領域的連結來產出深度學習任務。學生用 Skype 跟蝴蝶專家對談,跟一個在墨西哥的聯絡人談話,藉此學到更多有關帝王斑蝶的困境。他們也去研究當地和全球的遷徙模式和地圖,好了解帝王斑蝶下降的數量(地理)並研究蝴蝶的生命週期(科學);為了有所行動,學生用 QR Code 製作傳單(媒體),然後製作種子炸彈在社區販賣;他們也創作了一本數位的短篇故事書(語言),好讓訊息傳播出去;學生還改善了社區的花園、測量樹墩,以吸引更多的蝴蝶(數學)。當地報紙很快捕捉到這股學生活力的風向,對他們做專題報導,這進一步吸引了更多人注意到他們的活動。

給學生選擇權!看他們是想要被賦權好對真實世界做出改變?亦或是活在沒有任何競爭的虛構世界裡?每一次,都是真實世界贏了!跳出傳統的框架,他們就會放下遊戲。這是一種新的學習方式,而學生展現出來的是:他們可以引領方向。

天空不是極限

當芬蘭一所小型小學的教師們開始進行深度學習時,他們不讓自己的視野受到天空的限制。分散在五年級和八年級,總共有三個班級投入跨學科的模組學習;學科則涵蓋物理、環境和科技。學生設計一個氣象熱氣球升到大氣層裡,收集溫度、溼度、風速、大氣壓等各項數據,好能夠事先預測天氣。這項計畫是個大膽的任務,為 Veikkola 學校贏得了一座傑出國際獎。

數位利用在學生學習中扮演了關鍵的角色。舉例來說,學生將實驗錄製下來,然後使用 3D 列印技術來製作氣球所需要的特殊零件。他們需要設計出一個氣球,讓它可以在飛行時收集數據且提供攝影。他們也讓即時的錄影和拍照變得可行,這些錄影和拍照同時分享在 Instagram 上。

從小鎮學校到世界,再超越一點……

諷刺的是,真正的挑戰並不在設計氣象熱氣球;如何能夠正確處理官僚體系、合法且安全地發射熱氣球才是需要學習的挑戰。Aki Kukkonen、Janne Nieminen、還有 Jussi Roms 教師說服了許多夥伴,包括一個業餘的無線電聯盟、芬蘭氣象機構(the Finnish Metereological Institute)、交通安全署(Transport Safety Agency),還有赫爾辛基大學裡的 Lammi 生物站。他們的專業知能和資源讓這個崇高的學習設計得以執行。教師們讚賞這些合作夥伴提供了學生一些與生活相關的課程。「這個計畫不只是讓氣象熱氣球飛起來而已,還要能遵守法規,同時讓學生知道,一個高品質的計畫需要很多的前置作業還有夥伴。」他們還說:「學會如何找到正確的夥伴、遵守有關官方單位的指示,還要和所有人合作,這些都是非常必要的。」

有關這個計畫的短片:https://youtu.be/2kxciRZSo6s

有利於學生的語言：
用適合他們的方式進行

　　馬克吐溫曾經說過：「能用簡單平實的單字，就不要用艱澀的文字（如果五十分的字就可以了，不要用五十元的字）。」Michelle Howe 就是用這種友善的精神教她的中學學生。她用學生版的深度學習進程很清楚明確地讓學生投入在她十二年級的地理課中，而這的確產生了影響。

　　這些學生版的工具都可在 NPDL 中心取得，即使像幼稚園這麼小的全球夥伴也可以使用。容易理解的語言讓學生得以發展共同的語言，並對全球素養有更深入的了解，這些學生版進程也讓學生可以做自我評量跟同儕評量。這意味著：當學生可以深入了解並應用這些概念時，他們的獨立性跟自信心就會增長。

　　Howe 在長達一個月的學習經驗裡使用學生版進程，並專注於兩種素養：批判思考和創造力。她先用 Google 表單進行前測來決定學生的優勢跟需求，這給了她有用的資訊引導教學。當課程進行到一半時，學生再完成一份自我評量，該評量提供師生視訊會議資訊，讓她能個別回饋及指引每個學生。計畫的最後，Howe 用評量規準進行後測，學生也做了自我評量，在評量中反思他們的批判思考和創造力素養。在每個階段，評量規準提供了通往成功的清楚透鏡和路徑。Howe 說：「我們會根據他們在自我學習的過程中、身處班級中，亦或是在自己組別裡的不同位置，針對批判思考和創造力素養去建立他們探究所適用的標準，並討論他們可以展現及改善這兩個素養的方式。」

> 學生版學習進程為學生點亮了方向，帶走在學習人生重要技能時的威脅。

　　學生版學習進程為學生點亮了方向，帶走在學習人生重要技能時的威脅。當學生學會時，他們心懷感激。就像一個學生所說：「謝謝有這個機會，讓我走出我的舒適圈，而且解決了一個看似不可能的世界議題。這告訴我，我比想像中的更有能力。」

"" 教師的角色是建立有創造力
的環境，而不是提供現成的
知識。 ""

—— SEYMOUR PAPERT

第五章
學習設計四要素

　　早在 **60** 年代，麻省理工學院的 **Seymour Papert** 就建議兒童應使用計算機作爲學習和增強創造力的工具，但因當時計算機很稀有、又非常昂貴，所以這個建議不被學界接受。時間快速推進五十年 —— 多數成年人和青少年擁有功能強大的手持載具，可以連結無所不在的知識、專家和資源。因此，問題變成：「我們如何把上個世紀以內容爲本的學習轉變成賦予教師和學生創造學習經驗的能力？這種學習經驗的基礎立基於學生天生的好奇心、渴望解決複雜問題和影響世界的願望。」

　　變革可能很困難，因此我們已確認了深度學習的四個關鍵要素，以及一個可以幫助教師設計深度學習經驗的組織圖。我們知道，當我們有時間進行有意義的對話、獲得高品質的實作範例，並且有時間進行有效回饋的實驗時，我們將學得最好。本章涵蓋學習設計四要素的相關說明，並會觀看幾個學習設計實作的影片。 因此，請你邀約一些學習夥伴，一起探索這個功能簡單卻強大的方法和體驗深度學習的設計。

　　在規劃階段中，圖 5.1 呈現的四個要素，是讓教師和學生能夠設計出與學生優勢和需求相對應的學習經驗，促使學生能利用眞實且與解決問題相關的方法來創造新知識，以及能幫助學生確定自己的潛能、目標和熱忱。不管是個人或團隊都可以使用這四個要素來促進有力的對話、集思廣益和規劃加深學習的方式。請你想像一群老師使用圖形四周空白處來做出各個設計要素的最佳決定，讓我們來探索每個要素的精髓以及影響學習設計的決策。

圖 5.1 學習設計四要素

學習夥伴關係

改變發言權、控制權和互動方式的新型學習關係正戲劇性地浮現，且位居深度學習的核心。學生和老師不僅彼此合作，還和家長、專家和社區一起尋找跨班、跨校、跨國的創新合作方式。透過學習者與當地、全國和全球的真實連結，新的學習夥伴關係有機會重新設定學習。隨著學習與生活更加連結且變得真實，學習能跨出課堂，也會與學生的興趣和才能自然地連結起來。

這種對於新型關係的關注會是學習的加速器；它並非偶然產生，而是讓學生、教師、家庭和社區發展出新的角色。

學生是共同設計者亦是共同學習者

學生越來越能夠參與決定、設計和評量自己的學習，因為教師能放心地放下控制並邀請學生提供想法和參與，這樣的變化會加速發展。當學生了解自己的學習方式、知道如何給予和接受回饋，及如何採取行動時，就會開始對自己的學習負責。教師藉由以下的方式促進這樣的成長：將學習連結到學生的興趣、才能和需求，提供激發性的回饋，及注入能夠促進創新和冒險的歸屬感和連結。教師可以從增加學生對主題的選擇權或提供學生更多展現學習的選擇方式開始；逐漸地，隨著信任關係的加深，學生在自

我監控和自我領導的學習上可以承擔更多的責任。教師有計畫地架構學習，好讓學生能夠擁有協作、提供回饋和做出明智決定等技能。這種師生共同學習和共同設計的新角色不但增進學生有意義的參與，也會轉換傳統教師的角色。因此，要在結構化和獨立性之間維持適當的平衡，需考慮到每個學習情境脈絡的獨特性。

學習環境

學習設計的第二個要素是學習環境，它涵蓋兩個重要且相互關聯的層面。第一個是培養能使成人及學生發揮潛能的學習文化，第二個則強調設計出能優化學習素養的實體和虛擬空間。

學習的文化

如果我們希望學習的文化能培養出有活力、創造力、好奇心、想像力和創新的學生，那麼就需要創造一個能讓學生安心冒險的學習空間。教師需要刻意建立讓每種意見都被重視且令人有歸屬感的常規、示範同理心、傾聽學生的需求和興趣，並安排能讓學生展現學習者素養的任務。當學生有所選擇，就可以培養自主性，而當挑戰超出他們的舒適水準時，他們的能力就會增強；結果是學生會提高參與度和增強動機。那麼，它實際的樣貌是什麼呢？儘管沒有秘訣，我們仍可在努力實施深度學習的課堂文化中看到一些共同特徵。（見表 5.2）。

表 5.2　邁向深度學習文化的特徵

學生問問題	他們具有進行探究的技能和語言，不會被動地吸收出自老師的答案。
問題重於答案	學習、發現和傳達的過程與結果一樣重要。
各種學習模式	教學模式的選擇要符合學生的需求和興趣。支持學生們接受下一個挑戰。
與實際應用有明顯的連結	學習設計不是偶然的，而是基於關聯性和意義性建構而成。
協作	學生具備在課堂內外進行協作的技能。
學習評量是內嵌、透明和真實的	學生定義個人目標、監控自己朝向成功標準的進程，並對同儕或其他人提供回饋。

資料來源：Fullan & Quinn,2016

在本書中，你會找到務實的建議來回答以下問題：「我們將如何發展互相尊重的規範、協作的能力、信任的社群、冒險的精神、好奇心和創造力，以及學生想法和自主性？」

實體和虛擬空間

如果我們希望培養學生成為有好奇心且能和彼此相互連結的協作者，就需要為人數多寡不一的各種協作提供可靈活運用的多元空間：能進行反思和思考的安靜處，可進行調查、探究、交流和記錄的活動區域，以及透明且易於取得的豐富資源。創新的學習空間正在全球興起，其中一個例子是 Derrimut 學校。在這校區裡，學習空間被規劃成洞穴（caves），提供需要深思的學生使用；水潭（watering holes）則提供需要共享資訊和協作的學生使用；而營火（campfires）讓學生分享學習過程。若想瞭解這些新型的學習環境，請觀看影片 Derrimut 公立學校（https://deep-learning.global）。從這些學校示例看來，我們的重點不在建築結構本身，而是如何有目的性地支持學生學習。我們在最傳統的空間中看到既嚴謹又創新的學習——這需要一些獨創性和遠見；同時，我們也看到一些昂貴卻沒有貼心考量教學需求或無法發揮數位利用的新建築。

讓教室的牆壁透明不僅關乎重新設計空間，它還需要盤點我們如何串聯教室內外的方式。如果我們希望學生聯繫社群內外的專家，並從多個領域中積累知識，那麼就需要幫助他們學會連結的方式、懂得嚴謹查找資源，且知道如何在多元世界中建立關係。我們發現：當學生參與時，他們開始在學校內外建立連結，並且時時刻刻投入學習。

學習環境正快速變化，文化上，新夥伴關係浮現；實體上，學習的屏障逐漸消失。要實現這些新連結並開啟無限可能性的最強大方法之一，則須依靠學習設計的第三個要素——數位利用。

數位利用

我們用數位來代替科技，這表示我們的焦點不在數位工具本身，諸如載具、軟體或應用程式等；相反地，焦點放在促進深度學習時，這些工具在進行互動時所扮演的角色。有效運用數位工具能促進學生、家庭、社區

成員和專家的深度學習夥伴關係——不論他們身處何方——都可支持學生在教室內外自我管理學習的能力。

教師的角色是確保學生具備以創新方式來分辨、慎思評量、發現和創造新知識的技能和素養。他們可以廣泛使用數位技術來參與、激勵和擴大學習。在過去，我們大多要求學生解決已經解決的問題，當我們要求學生從知識的消費者轉變成能創造並應用解方於真實世界問題的生產者，數位世界為我們提供了機制，以連結在地和全球及其協作。

教師必須在眾多的數位工具中做出選擇；將數位工具作為學習的一部分時，教師要考慮如何謹慎使用數位工具，如媒體和數位公民素養。在學習設計中，教師需要從大量的選擇裡挑選最合適的數位方案，並確保學生不僅能簡單地使用這些選擇，且具備可利用這些選擇來建構知識、協作或產生知識並共享新知識的技能。因此，數位利用對深度學習第四個要素——教學實踐是不可或缺的。

教學實踐

第四個要素為以下這個問題提供精確度：「什麼是讓學生達到深度學習目標和成功表現指標的最佳方法？」當教師希望學生體驗課堂學習之外的深度協作學習時，必須體認到，這意味著改變自己的作法。當我們開始專注於深度學習時，教師的第一個問題會是：「這意味著我之前做錯了嗎？」答案當然是否定的。這不是要我們拋棄已知，而是賦予一種新的深度視野給必要且有效的傳統教學法，幫助我們捨去過時而無效的學習方法。擁抱深度學習的教師會思考如何創造深度學習經驗和更豐富的學習單元、提供學習時間以發展素養，並經常運用諸如探究、以問題或專題為導向的學習，或多學科學習的教學模式。這些教學模式通常需要教師擔當激發者的角色，讓學生對學習有選擇權並承擔學習責任。這些較長的學習歷程通常會讓學生參與真實的、與生活相關的問題、或模擬真實世界，而使學習可應用於現實世界中。學生在擁有學習的選擇權、更有意義的學習任務、與增強的學習責任感的同時，往往會變得更投入學習——這正是深度學習過程出現的第一個屬性。那麼，教師要如何開始？

教師們面臨著如海嘯般的多種教學選擇。設計深度學習並非只有一種方法；不過，學習的第一步就是建立基礎和發展創新教學法的技能和知識，

好讓教師可以隨著學習經驗的遞變而能無縫地迭代學習。教師應從已知的知識入手，再確認他們想更加了解的創新作法。圖 5.3 列出設計深度學習時既有且普遍應用的教學方法，以及正與有效教學實踐產生融合的創新教學方法。隨著新實踐的不斷發展與夥伴們的協作共享，該圖形也在不斷滾動修正。

教師還需要知道如何搭建經驗和學習挑戰的鷹架，將它們調整到符合學生的需求和興趣，並通過學習的關聯性、真實性、與真實世界的連結而將學習最大化。他們需要廣泛的策略來滿足學生的各種需求和興趣，且需要對既有的模式有深刻的理解（例如以探究和問題為導向的學習）。除了這些基本有效的教學實踐之外，教師還要培養創新的教學、能應用於學習與評量的數位專業知識。

圖 5.3 有效教學法與新創教學法的融合

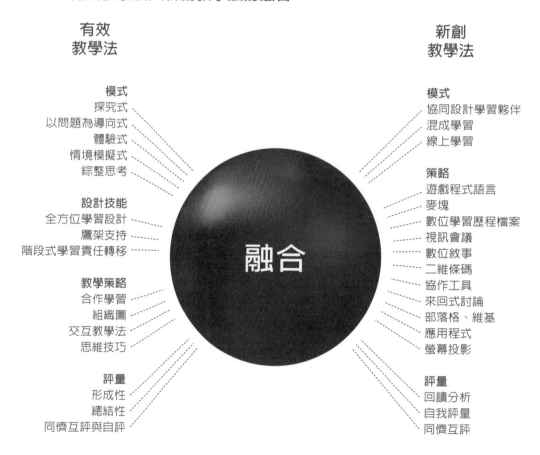

有效教學法

模式
探究式
以問題為導向式
體驗式
情境模擬式
綜整思考

設計技能
全方位學習設計
鷹架支持
階段式學習責任轉移

教學策略
合作學習
組織圖
交互教學法
思維技巧

評量
形成性
總結性
同儕互評與自評

融合

新創教學法

模式
協同設計學習夥伴
混成學習
線上學習

策略
遊戲程式語言
麥塊
數位學習歷程檔案
視訊會議
數位敘事
二維條碼
協作工具
來回式討論
部落格、維基
應用程式
螢幕投影

評量
回饋分析
自我評量
同儕互評

如今，在許多學校和國家都可以發現一些創新作法，包括以探究爲導向的學習、問題導向學習、專題探究學習、綜合性思維、知識建構、和數位創新。也就是說，深度學習方法非常多元，並非千篇一律。深度學習將四個學習設計要素與六個全球素養（6Cs）結合，幫助數以千計的教師思考關鍵的學習設計，以開發更具意義的挑戰和擴展學生更具探究深度的學習經驗。第 72 頁的學習設計海報提供了綜合四要素以促進深度學習經驗的組織圖，這是協作設計的基石。建議讀者閱讀並探討小型案例、學習設計的示例以及結合四個要素貫穿全書的生動影片。

結語

應用「全球素養」和「學習設計四要素」就能提供學習有力的基礎。協作過程推動所有人進行學習，在建構能力的同時加速轉變現有的教學實踐，這將是第六章的主題。

操作指引

07. 學習設計四要素

通過拼圖策略讓學習合作夥伴或團隊理解深度學習四要素，再透過觀看影片討論其在課堂上的操作。

08. 四要素的應用

使用組織圖分析你當前使用四要素的方式，並思考擴大或擴充其用途的方式。

資源

學習設計四要素的海報

更多訊息

閱讀《深度學習：參與世界改變世界》第五章與第六章。

操作指引

07. 學習設計四要素

目的：建立對學習設計四要素的理解

流程：使用拼圖策略應用四要素

時間：30 至 60 分鐘

① **四人為一組**，並編號 1 至 4 號。

② **檢視**本章開頭的學習設計四要素說明，每個人閱讀一個要素，並於四要素紀錄表中的「這是什麼」區塊做筆記。與小組成員分享關鍵的想法。

③ 從資源列表中**選擇**一個影片。

④ **觀看**影片時，記錄你對所負責要素的觀察並在組織圖中做筆記。

⑤ **分享**你所負責要素的觀察和證據。

⑥ **選擇**另一段影片，然後輪流分配需負責的要素並進行觀察與分享。

⑦ **想像**你將透過海報把這四個要素傳達給學校的團隊，請使用彩色筆或數位工具製作四要素的簡報。

資源：

學習設計四要素的海報

https://deep-learning.global/ 上的影片：

● 幼兒園學童為專家（美國）

● 未來的年輕智慧（澳洲）

● 健康吃（加拿大）

● 根計畫（美國）

● 寫作會議：同儕（加拿大）

● 學生試圖解決氣候變遷（芬蘭）

● 在渥太華天主教學區中的學習夥伴關係（全球解決方案計畫）（加拿大）

四要素記錄表

這是什麼？

這是什麼？

這是什麼？

這是什麼？

教學實踐

學習夥伴關係

深度學習

數位利用

學習環境

第五章

學習設計四要素組織圖

深度學習

教學實踐

學習夥伴關係

數位利用

學習環境

> 在選擇模式時，教師並不需要從零開始，而是可以借鑒具有豐富歷史的深度學習方法。
>
> ——《深度學習：參與世界改變世界》

操作指引

08. 四要素的應用

目的：檢視目前深度學習應用四要素的方法，且確認可以增加其用途的方式

時間：20 至 40 分鐘

流程：目前我們⋯⋯

未來我們可以⋯⋯

① **複習**第五章操作指引07學習設計四要素。

② **思考**以下問題並將你的想法記錄在應用組織圖上（下頁）。

- 目前你在課堂或學校如何使用四要素？
- 未來你可以做些什麼，讓你更能深入聚焦於每個要素？

③ **檢視**你的回應，並選擇一至二個你會採取的行動，來改進學習設計的品質。

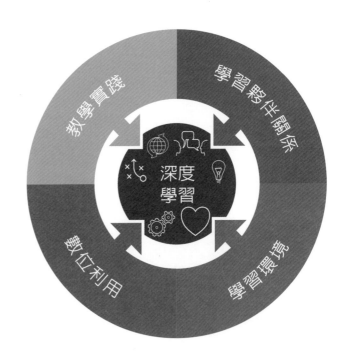

四要素應用組織圖		
	目前我們……	未來我們可以……
學習夥伴關係		
學習環境		
數位利用		
教學實踐		

第
五
章

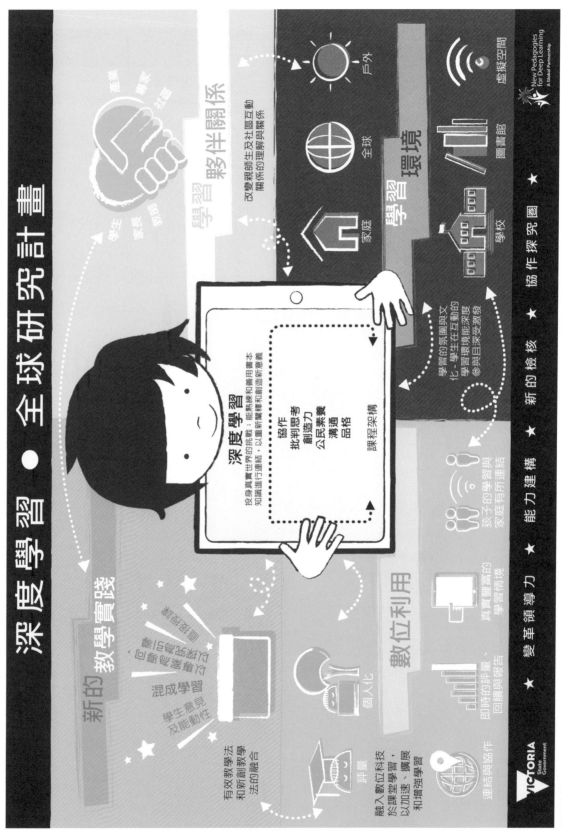

資料來源：State of Victoria I Department of Education

> 當下最重要的挑戰就是改變學校文化。學校運作系統需要從命令、控制以及指揮的思維，轉變成能支持教師以及學生擁有學習自主權並採取全新方向的新興系統。學生、教師、校長、家長以及學區必須從基層和中間往前推進。

—— 《深度學習：參與世界改變世界》

> "" 協作是改變行為的關鍵驅力。
> 它就像是社會黏著劑,讓組
> 織邁向一致。 ""

—COHERENCE:THE RIGHT
DRIVERS IN ACTION FOR SCHOOLS,
DISTRICTS AND SYSTEMS.

第六章
協作探究過程

協作是深度學習的核心。深度學習涉及創新，著重在新的實踐，因此它需要能開發及評估有力想法的機制。假如教師們想要快速轉移到新的教學實踐，他們需要支持，這種支持來自於和其他人一起合作以便鞏固這些新的想法及實踐。倘若我們期待能從部分教師的各自創新，轉變成所有老師擁抱深度學習並重新思考教學實踐，就需要一個過程來動員整個學校或學區，並創造能支持這種新方法的環境。

在這個章節裡，我們將專注在浸透於深度學習所有層面的協作探究過程。這種令人信服且具吸引力的反思過程營造積極性的對話 —— 教師們可以運用它來設計深度學習經驗；團隊可以運用它來協作評量學生的學習成果與進程；學校和學區可以運用它來檢視目前的模式、實作和對學習的假設，也可用它來設計能夠促進深度學習蓬勃發展的系統和計畫。

什麼是協作探究？

協作探究是教師透過共同參與來檢視現有實務與假設的一種過程。這是它能同時促進專業對話並直接改善學生學習，因此能引發改變的有力策略，不僅可以指引問題解決，幫助個人精緻化教學實踐，還提供了運用學生學習證據的系統方法，以之建立校園協作探究團隊並提升學校辦學效能。

圖 6.1 是修正過的協作探究過程，它包含四個簡單的階段（改寫自 the Deming Institute, n.d.）。

教師在校內或跨校進行協作時，如果有了操作指引、示例、共同工作的流程，深度學習便開始加速。當我們與懷抱相同目標的夥伴一起合作，無

圖 6.1　協作探究圈

評估　　　　　　設計

檢核、　　　　　實施
反思與改變

評估目前的優勢與需求

設計變革的策略

實施策略，使用形成性評量數據進行監督與調整

檢核、反思與改變，使用過程中收集到的證據以評估是否成功，並作為後續步驟設計的參考資訊。

資料來源：New Pedagogies for Deep Learning (NPDL)，www. npdl.global/Deep Learning Hub

論是面對面或是透過線上虛擬的連結，都有助於解決問題和堅持新的作爲。這樣共同聚焦和刻意公開實作的過程，的確有助於我們產生共同的理解及目標的共識。接下來，我們將檢視協作探究過程應用在學習設計時的四個階段：

學習設計中的協作探究

階段一：評估

　　第一階段評估學生目前的學習狀況、思考課程期待，並以學生的興趣爲基礎建立學習目標及成功的表現指標。教師評估學生的需求、優勢強項、興趣、以及在六個全球素養指標的精熟程度，用以設定這些學習目標；同時確認成功的表現指標是否敘明達成學習目標時應展現的證據，運用多種評量方法檢核學生理解與技巧發展的程度。

階段二：設計

　　階段二涵蓋設計學習經驗，目的是協助學生投入學習，習得素養能力以符合學習目標與成功的表現指標。這個步驟包含選擇最有效的教學法、考量所需的學習夥伴關係、發展營造能促進學習文化的環境、以及運用數位來促進學習。教師反覆運用評量歷程，評估學生的學習狀態，作爲後續

課程設計搭建鷹架的參考，以協助學生邁入下個階段的學習。操作指引 09 和 10 提供教師如何發展好奇心和探究的小型示例，這有助於進行深度學習的設計。當大家合作完成這些學習設計時，教師會被其他老師和學生激勵，創新程度因而提升。雖然合作初期可能較耗時間，但教師們會發現這些操作指引有助於他們對準目標來工作。經歷幾次的設計後，他們彼此在專業上有所成長且更加創新，在分擔設計工作時，實際上可以更節省時間。

階段三：實施

在學習經驗中，教師們透過提問監測學習、依需求提供鷹架、指引學生進入更深層的發現歷程。例如，他們可以問：「學生學得有多好？」、「我有什麼樣的學習證據？」、「學生接下來需要什麼才能深化他們的學習？」。在這個階段，教師們可以觀察彼此的課堂，或者依特定任務或興趣進行跨班分組，讓學生共同承擔責任。學生發展互評與自評的技巧，甚至可以開始主導學習，正如一位教師的分享：

> 我以前認為讓學生主導學習是很可怕的，但我現在認為它是最有價值的方法之一；能為學生創造真實的學習，是一種讓他們能夠自主學習並且發展新的學習、表達、分享與創意的方式。
>
> ——《深度學習：參與世界改變世界》

階段四：檢核、反思與改變

在過程的最後階段，老師合作記錄學生學習的狀況，他們從學生的成果及表現收集證據，含括正式與非正式的評量證據，從較寬廣的範疇進行考量，評估學生在學術內容以及六個全球素養的成長。學生的學習資料會反饋到下一輪的學習循環，為下一階段的學習設計提供豐富的資訊。

懂得使用協作探究的精熟者認為，以上的四階段過程並不是各自獨立的，而是一種綜整性的思考方式。跨年級團隊、跨科團隊、跨校團隊甚至全球共同分享學習設計，這種鮮明且充沛的經驗可讓大家看到新的可能性。老師並非把這些學習經驗的例子當作可複製的對象，而是將它視為催化劑，協助思考如何深化學生的學習。接下來，我們檢視協作探究的最後階段如何成為引發改變的強大催化劑。

協作評量

　　協作探究過程的第四階段：檢核、反思與改變，是非常強而有力的，但它卻是在我們日常實作中最常被忽略的。協作的時間不足；比起深入探究學習品質，有時直接給分是個權宜之計，畢竟有意義的專業對話需要技巧與知識。但學習設計與學生成果及表現的協作評量（我們稱之為相互校準）過程，讓我們深入理解學生學到什麼，以及更能一致地在決定進程上建立專業的信度以及效度。透過協作評量（相互校準）學習設計與學生成果表現的過程，我們深入理解學生學到了什麼，且在決定學生進程階段時，更有一致性，建立了專業的信效度。相互校準的最大作用，在於教師為下一階段的學習進行準備時，能針對學習進行專業討論並分享有效策略。這種專業討論會產生新的知識，也是精緻實作的催化劑。簡而言之，相互校準是一種用來檢視以及改進教學實作的策略。正如一位校長最近所分享：

> 最後這個階段常被忽略，但它具有真正改變學校實踐的最大力量，因為老師真的關注學生的學習，並看見他們的學習設計如何幫助學生達成學習目標。

── Personal Communication，2019 年 2 月

　　在 NPDL 中，我們使用相互校準的流程讓教師、學校領導者以及 NDPL 領導團隊投入專業對話，專注於深度學習的設計、實施、檢核以及成果，企圖發展深度學習的共同語言以及理解，這包含讓所有學習者有效發展六個全球素養的設計、成果以及創新教學。這種相互校準的過程為教師及領導者提供可在他們當地使用深度學習的範例；在教師們設計、實作、評量和反思某一個選定的深度學習經驗後，他們有機會收集及分享示例，這些示例描述深度學習發展的方式以及執行時的樣貌。第九章將提供建立常模的操作指引以及實施協作評量（相互校準）歷程的步驟。

學校及學區的協作評量條件

　　協作探究的四階段過程同時協助學校、學區長官以及領導團隊，針對目前的學習模式、實作以及假設進行檢視，進而設計系統，規劃所需的條件，以有利於深度學習蓬勃發展。第十一章和十二章提供操作指引並探究這個過程如何推動整個學校與學區共同邁向深度學習的案例。

結語

　　協作探究過程是一種思考方式，能引發個別教師、學校和學區的反思性實作不斷發展進化，這個過程應用了全球素養及深度學習四要素的基礎。在後面的章節，我們將檢視使用這些工具的方式與設計，以及評量深度學習的概念。

操作指引

09. 檢視協作探究圈的各階段

　　針對協作探究圈的各階段建立共識，檢視關鍵的實踐。

10. 從協作探究建立意義

　　透過案例，對協作探究建立更深層的理解，反思教師的實作。

11. 反思實踐：探究圈的案例

　　理解教師如何使用反思實踐去設計並修正九年級數學課堂內的學習。

更多訊息

　　閱讀《深度學習：參與世界改變世界》第八章及第九章。

第六章

09. 檢視協作探究圈的各階段

目的：理解協作探究圈　　　　　　　　**時間**：15 至 30 分鐘

過程：描述與分類

第一部分

① 四人為一組。找到第 76 頁協作探究的描述，指定每一個人閱讀一個階段。
- 評估
- 設計
- 實施
- 檢核、反思與改變

② 每一個人用自己的話總結被分配到的階段。針對自己負責的階段表達一些看法，並且在最後加上一個句子：「這個階段引發有意義的學習，因為……」

第二部分

① 影印並剪下協作探究的描述句。把協作探究圈模板放在桌子的中央。

② 閱讀剪下來的每一段描述，辨識它們屬於協作探究圈的哪個階段，並解釋你的想法。

③ 你在每一個空白的方框（事先提供）寫下一個教學實踐的步驟（如第 81 頁）。邀請其他人進行分類，決定它屬於協作探究圈的哪個階段。

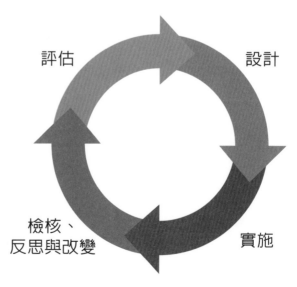

協作探究描述詞			
在開始前先剪開			
和小組學生會面，檢查他們計畫的進度	和同事協作建立學習操作指引	思考哪些策略有效、哪些在未來必須進行調整	建立學習目標
評量學生的報告	讓學生參與共創成功的表現指標	針對學生主導的辯論提供回饋	確認重要的課程目標
調查學生的興趣	讓學生使用協作學習進程進行自評	準備一個模擬聯合國的學習經驗	搭建經驗鷹架以建立理解
詢問學生關於學習設計的回饋	使用各種證據重新檢視學生的優勢和需求	將學生的表現和先前的作品做比較	確定先前的設計是否符合預期的學習目標
選擇拼圖策略來促進學習	讓一位夥伴透過 Skype 參與課堂課程	進行戶外教學	

操作指引

10. 從協作探究建立意義

目的：建立對協作探究的共同理解　　　　**時間**：15 至 30 分鐘

過程：反思學習經驗

① 和一位夥伴一起進行反思。你印象最深刻的專業學習經驗是什麼？解釋其有影響力的原因。在分享的時候，另一位夥伴仔細聆聽，在 4 張不同的便利貼上寫下 4 個描述該經驗的特質。（例如：一張便利貼上可能寫著「協作」，另一張可能寫著「關連性」）

② 交換角色，讓另一個人分享自己的專業學習經驗。

③ 加入另外一對組合，以形成四人小組，將 16 張便利貼放在一起，以方便閱讀。把你的便利貼放在一旁（暫時）。

④ 閱讀下方的案例。

⑤ 討論
  ● 教師們學到什麼？
  ● 這種學習為什麼對教師的實作產生衝擊？
  ● 利用這種方式學習的三項優點是什麼？
  ● 協作探究和傳統的專業學習形式有何不同？

⑥ 建立連結。你們在便利貼上所寫的內容和案例中老師們的經驗有何相關之處？

協作探究簡介
案　例

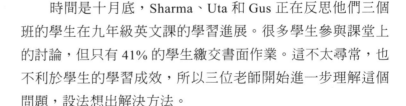

　　時間是十月底，Sharma、Uta 和 Gus 正在反思他們三個班的學生在九年級英文課的學習進展。很多學生參與課堂上的討論，但只有 41% 的學生繳交書面作業。這不太尋常，也不利於學生的學習成效，所以三位老師開始進一步理解這個問題，設法想出解決方法。

　　三位老師從評估開始。Gus 從每個班級選出六位學生，檢視他們之前的成績單。Uta 猜測，是否有些學生進到高中後，出現銜接的困難，她連絡先前八年級的老師及理解學生相關資訊的人，試圖發現是否漏缺了什麼關

鍵資訊。Sharma 製作了一個簡單的線上調查，要求三個班的學生都必須完成；這些問題讓學生發表看法，並允許他們可用匿名回答，同時詢問學生課後的功課量、額外不為人知的壓力、興趣，以及閱讀理解程度。三位教師對自己班上其所關注的學生作紀錄，他們蒐集資訊，發現學生不交作業是因為他們覺得自己和作業之間沒有關聯性。

這三位教師開始設計規劃，他們參考課綱以及 NPDL 資源中心，並且討論他們想要讓學習更有趣的這個願景。許多學生喜歡玩電腦遊戲，但這三位教師對電玩一無所知，於是他們設計了一項作業，請學生寫一份說服力論文。學生可以選擇各種媒材，但是當中必須包含寫作。他們必須重新檢視電腦遊戲，並且（在會議上）說服三位老師他們的電腦遊戲如何促進個人以及社會的進步。

> 在實施的過程中他們隨時進行調整。

在實施的過程中他們隨時進行調整。舉例來說，三個班級共創成功的表現指標並組成團隊，同儕互評也融入課程設計中。教師們發現溝通學習進程中的「反思」向度能真正解決他們最關注的事情，因此，他們鼓勵學生每三天進行一次學習進程的反思，請他們從自己的經驗提供例子並說明根本原因。在課程設計開展的過程中，老師使用學生設計的成功表現指標來監督他們的進展、分享想法並提供回饋。他們也收集學生的短篇反思寫作，確保小組注意到分工的平衡。三位教師會固定進行短暫的碰面，以確認模式、觀察以及學生的差距，並在過程中不斷進行調整、澄清誤解。

等到學生該向老師專家小組發表電動遊戲評論時，每位學生都準備好了（也很興奮）。學生也收集他們在學習進程中的反思並且繳交一份最後的總反思。老師在反饋這些證據時，驚訝地發現這個工作的完成度從 40% 提升到 100%。Sharma、Uta 和 Gus 學到三個可以應用在日常專業實作上重要的課題。第一：學生的意見以及興趣引發參與及投入。第二：刻意並明確地參考學習進程，有助於釐清學習者該做什麼。第三：大多數的學習者需要定期碰面以及和老師有實際面對面產生連結的機會。

11. 反思實踐：探究圈的案例

目的： 理解教師的反思實踐如何對準　　　**時間：** 30 至 40 分鐘
探究圈

過程： 案例分析

① 和一位夥伴一起描述你如何反思每
日的實踐。

② 檢視協作探究圖。思考如何將這四
個階段應用到你自己的反思實踐當
中？

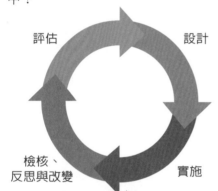

評估　　設計

檢核、
反思與改變　　　實施

③ 閱讀案例：九年級教室

④ 關於 Kim 的反思實踐，你注意到什
麼？

⑤ 和夥伴討論，並使用以下的圖表摘
要你的想法。從案例中列舉示例，
說明 Kim 在進行反思時，在哪些地
方使用了這四個探究階段。

● 探究圈如何幫助 Kim 進行反思並
改善她的實踐？

● 她如何能更有效、更有目的性地使
用這個探究圈？

● Kim 的探究案例與你目前規畫學
習和反思學習的方式有何相似處
或不同處？

● 你可以如何在日常實踐中開始使
用（或深化你的）探究？

Kim 何時使用探究圈支持其反思實踐的範例	
評估	
設計	
實施	
檢核、反思與改變	

Kim 詢問她的九年級學生「我們的地球正在改變嗎？」他們都點頭同意。「在哪些方面呢？」她繼續追問，學生此時茫然地看著她，Kim 就卡住了，她只好轉換問題，改成進行其他的內容。在當天工作結束後，她找到一位同事幫忙思索有沒有更好的教學計畫。

第二天，Kim 發下世界各地環境災難的圖片；每一張圖片的底端列出地點以及日期。她要求學生和隔壁的同學討論他們手上的圖片。接著每組學生和其他組一起檢視這幾張圖片，腦力激盪這幾張圖片有什麼共同點。學生們提到相同的氣候議題，但就是沒有把它們的成因和氣候變遷連結在一起。她接著問學生，關於環境，他們注意到哪些事情。她邀請學生審視每張照片，在每張圖片上貼上一張便利貼，上面寫下他們的「驚奇點」。在課堂結束時，她瀏覽這些便利貼，注意到學生開始對案例產生好奇。「理解氣候變遷」被設定為課程的關鍵目標，學生也必須學習全球素養中的公民素養（「對人類以及環境永續產生真誠的志趣」向度）。她需要根據學生的優勢與需求來設計策略，同時也鼓勵學生表達意見並做出選擇。

Kim 在第三天回到這些驚奇點，請學生選出他們最感興趣的圖片，以小組的形式組織這些驚奇點並產出「我最迫切想要解決的問題」，然後他們開始學習圖片的相關知識以及背後的故事。學生想要和另外一個班級分享他們的學習，所以 Kim 和學生一起清楚說出有什麼技巧可以做出具說服力的 PowerPoint 簡報內容。他們這麼做的同時，也檢視溝通學習進程。Kim 也擇取一些必學的課程目標，一併納入學習進程。

> 她需要根據學生的優勢與需求來設計策略⋯

隨著簡報計畫的開展，學生彼此分享他們的見解以及進步。在報告的最後一天，一位學生邀請他的鄰居到班上，這人曾在 Irma 颶風期間拯救寵物，學生深深地被他的故事感動。這點吸引學生繼續詢問他們還可以做什麼來擊敗氣候變遷。學生的興趣因此改變，他們決定要採取行動，這延伸了原有的學習設計，他們共同決定了成功應該有的樣貌。

Kim 再一次將學生的注意力拉回到學習進程，他們繼續專注在溝通這個全球素養，並且確認在接下來的學習旅程中，協作、公民素養、創造力及批判思考等素養都會納入評量。學生也被要求從學習進程的向度中，選擇他們沒有信心的一

個向度，把它融入行動方案的設計中。他們使用 Y 型圖來確認在各個素養中，成功看起來會是什麼、聽起來會是什麼、以及感覺起來會是什麼。這些圖都被張貼起來，以便可隨時參考。進行到一半時，Kim 要求學生停下來、評估自己當下在整個學習進程中所處的階段、提供證據、並且思考要如何繼續發展。學生選擇同儕相互指導，使用支持性常模以及提問技巧來評量素養。Kim 也定期和學生會面，聆聽他們的進度與學習反思，稍稍推動他們往下一步邁進。當 Kim 注意到許多學生覺得行動設計中的某些特定技巧很困難，就會暫停活動，對小組或全班進行釐清。

> Kim 問了一個問題：「什麼對你幫助最大？」

這個行動設計有共同的成功表現指標、但學生可採取各自的方向。舉例來說，有些學生和當地的托兒所和小學生聯繫，要在市區學校庭園種植幼苗；有些則對自己學校進行環境永續的檢視；還有些學生選擇研究他們喜愛的咖啡店和零售商，學習他們在永續方面的運作。也有全班性的的小型任務，舉例來說，全班開始在 Twitter 上追蹤知名的氣候倡議活動人士，同時展開他們自己的 Twitter 活動。也有學生使用線上計算機追蹤紀錄以及反思自己的碳足跡；最後，學生還寫信給環保團體以及地方的政治人物。

在行動設計開始準備收尾時，學生反思自己的學習且共同參與設計各種的評量策略。他們根據全球素養的學習進程來評量自己；Kim 也問：「什麼對你幫助最大？」，以了解哪些教學策略有助於學習者參與且有助於發展深度理解和素養能力。她還問：「如果要持續進行這個行動設計，你的下一步會是什麼？」，依此來決定他們反思的深度。

Kim 和同事討論這個學習旅程時，她承認，從「我們的地球正在改變嗎？」那個問題開始並非是最好的課程安排；下次她可以用不同的方式進行。她也承認，要她完全放棄控制學習設計是很困難的；她需要想出一種教學方式讓學生的興趣能真正驅動學習。她認為 Skype 有助於建立更豐富的夥伴關係。學生在進行研究與執行行動計畫方面展現出成長，但仍需

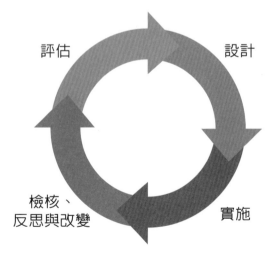

評估　設計

檢核、反思與改變　實施

要精進批判思考能力，尤其是在檢視網路言論的部分。批判思考素養的學習需求讓 Kim 思考，在接下來的深度學習經驗裡，她該如何帶領這個班級探究「文化偏見」議題。

"" 當教師合作一同評估起始點、設計學習經驗、與反思學生成長時，他們會更願意公開透明。 ""

—— 《深度學習：參與世界改變世界》

"

我們的全球素養，稱之為 6Cs，
和 21 世紀的能力列表有三項關
鍵不同點：全面性、精確度和可
檢核性。

"

—— 《深度學習：參與世界改變世界》

第三部
學習進程

"在教師設計深度學習經驗時，這些學習進程不僅可以作為專業對話的基石，也可作為監控和評估學習過程的系統。"

- 《深度學習：參與世界改變世界》

第七章
應用學習進程

在手持式裝置載入地圖應用程式之前，我們有時會迷失方向。今日，衛星科技以及 **GPS** 軟體讓定位變得精準，它甚至會在我們轉錯彎時，警告我們重新校準方向。如果我們也能針對學生的學習路徑提供相同等級的精確度與清晰度，那將會如何？學習進程的目標就是將不精確的猜想從深度學習的實作中剔除，好幫助所有學生成長茁壯。讓我們一起了解如何組織運用這個學習進程工具。

架構組織

六個全球素養中的每個素養能力都有其學習進程的指標陳述，用來描述在每個成長階段學習的狀態、提供設計學習時的共同語言與共同理解，並監控及檢核學生發展六個全球素養的進程。在工具的左邊，素養被分成四到五個向度，說明能力深度（見圖 7.1）。正如第四章所提，我們希望能夠透過豐富的討論，提升對深度學習素養共同且實質的理解。所有的討論將從詳盡的定義出發。接著從左到右，每個向度都有清楚的路徑描述，說明從證據有限、萌芽、發展、加速到精熟的這五個發展階段，其個別的學習樣貌。請注意精熟右邊的箭頭，指的是超越精熟，持續學習的意願。進程中每一方格都有提供能成功培養素養所需的相關技巧、能力以及態度。學習進程支持學習者從幼稚園到高中甚至高中之後階段的學習。因此，教師在使用這項工具時，必須瞭解學習者所處的發展階段，同時設想應有的課程目標。

圖 7.1 協作深度學習進程

學習進程的組織

學習進程的定義

協作深度學習進程
團隊以相互依存和協力共進方式進行工作，具有高度的人際關係和團隊合作技能，包括有效管理團隊能動能出貢獻、共同做出實質決策、促動能與挑戰、共同做出實質決策並影響他人。

深度學習進程有五個階段：證據有限、萌芽、發展、加速以及精熟。在精熟右邊的箭頭指的是當我們在前頭指的是當我們在知識發現並創造新的知識時，學習可以超越精熟之外。

向度	證據有限	萌芽	發展	加速	精熟
團隊以相互依存的方式進行工作	學習者個別執行學習任務，或非正式地兩人一組，稱不上團隊合作，但稱不上團隊合作。學習者或能一起討論過這些議題或內容，但跳過過重要的實質性決策（例如如何管理流程），這對合作成效產生重大不利的影響。	學習者兩人一組或分組進行工作，並負責完成任務，以便團隊完成工作。學習者開始一起做出一些決策，但可能仍然由一、兩個成員做出最重要的實質性決定。小組成員的貢獻程度不一致。	學習者一起定決任務的分配以符合團隊成員，然後個人的優勢和專長工作。學習者讓所有成員參與重要議題、問題或過程的決策過程，並發展團隊解決方案。	學習者能清楚說明與同儕一起工作時、如何善用每個人的優勢進行實質性的決策，並發揮想法來解答。團隊合作明顯展現在學習者能相互貢獻想法／或創造成果。	學習者展現出高度效能，充分利用每位成員的優勢，並提供彼此機會來相互增效、團隊結合，進而達成對所有人都有利的最佳決策。
具備人際關係及與團隊合作的技能	學習者在執行任務時，可能會相互幫忙，完成共同成果或實現未明顯展現人際關係或團隊合作技能。學習者並未實現出真正的共同或合作的共同目的。	學習者表現出對團隊工作的共同責任、開始展現出一些人際關係和團隊合作技能。學習者開始注於完成共同成果、產品、設計、回應或決策。關於決策或兩位成員能由一個或兩個成員決定或主導。	學習者展現出高度的人際關係技巧、對工作的共同責任、並主動積極分擔責任。自始至終，團隊成員皆可有效地溝通、回商、目對工作目標、進度進行商議，內容，進度達成一致的結論。	學習者在合作、工作推進上展現出有效的團隊技巧，能確保所有高度的成員的意見都受到重視、成員的意見都反映在團隊及其成果上。	學習者積極承擔領責任，以確保協作過程發揮最佳效果。學習者確保每個人的想法和引導。同時義知識能被發揮至極致、每項工作的成品或結果具有最佳品質或價值。
具備社交、情緒及跨文化的技能	學習者對自己有基本的覺察。學習者傾向於從自己的視角來檢視問題。在某些情況下，這會妨礙他們發展正向關係的能力。	學習者開始了解自我，知道自己在世界上所處的位置以及他們的行為會如何影響其他人。這會以自我觀察提供良好基礎，並開始理解其他人與他人的不同。	學習者能觀察自我、知道自己視角的來源。學習者更能觀察和傾聽他人的情感和觀點，並以「容忍」或「接受」的學習變成成員誠然不同的觀點。	學習者具高度的自我覺察、了解自己的視角來自何以及與他人視角的不同之處。學習者能以細膩的聽、同理之豐富自己的觀點。作為團隊成員，他們能有效以及建立正向的關係。他們在理解其他人視角、同理心、情感上支持、鼓勵、挑戰方式來支持、鼓勵、同儕進化自己與他人。	學習者具社會與情緒的成熟技巧、反應在精進的自我反文化認同。學習者能進行良好的跨文化與跨領域的團隊工作。有效的團隊人上理解對其他人的關係。他們在情心以上所發展的技巧，對團隊運作產生重大的影響。

每個學習進程被分成四到五個向度

每個方格描述各個素養階段的進程

每個學習進程被分成五個向度

（續下表）

設計學習

　　學習進程是一種強而有力的設計學習工具，當教師理解學習進程所強調的學生優勢與需求，就可以精確地設計下一個學習循環。當教師團隊規劃學習時，學習進程提供了共同的語言及詳細的說明。要注意的是，學習進程充滿細節，如果全部同時呈現，即使最熱衷的學習者都會感到莫大的壓力；我們鼓勵教師專注在最符合課程以及學習者的向度，思考如何漸進地增加向度以及學習其他素養的學習。

　　當學生理解學習設計並能影響學習設計 —— 什麼是被期待的以及如何能夠成功 —— 他們的投入程度就會增加，學習進程也是如此；教師可以使用 Y 型圖來引導學生進行有關素養的討論，包括看起來像什麼、聽起來像什麼以及感覺起來像什麼的對話，讓學習更貼近個人。因為使用了讓學生容易理解的語言，學習進程以及學生自我評量工具讓最年幼的學習者也都可以在設計以及評量上主動學習。操作指引 16 及 17 是 Y 型圖的使用方式以及讓學生容易上手的工具。

評量學習

　　學習進程可作為改善學習的評量、評量是學習的一部分，也是學習成果的評量。當學生、教師以及其他的夥伴使用這項工具進行學習的反思與評量，他們可以精準掌握學生目前的學習狀態且能預期接續的操作步驟。教師們越常使用評量工具作為學習的參照，就越能夠理解素養的學習進程。因此，教師在設計學習時要習慣使用這項工具，並且提供各種機會以檢視學生在一段時間後的學習進展，這點是很重要的。想像學生在不同的領域／科目都使用同一種學習進程，那麼這個強而有力的工具，不止幫助教師精細地微調素養教學，還能讓教師更懂得如何應用在不同的情境中，這真是真實的學習呀！此外，在跨年級積極使用學習進程時，就能增強學生的後設認知能力，同時針對如何克服學習中的挑戰，提供學生清楚的藍圖。當學生可以從前一年的基礎上進行學習時，就可大幅增進他們的學習效能。對那些有學習困難的學習者來說，明確性及熟悉度能幫助他們銜接並消除學習焦慮。「我可以！」他們需要這樣的自信以及能力以處理更艱鉅的學習挑戰。我們發現，當學生有機會使用學習進程進行自我評估、經常反思對話以及進行同儕評量時，他們的學習便會突飛猛進。

素養評量頗為困難，因為並非每次都可以從紙筆任務中找到證據。我們如何找到學生彼此相互合作或展現品格的具體證據？當很多事情在課堂中同時發生，為某些素養的學習留下紀錄頗具挑戰。許多深度學習的教師善用各類教學紀錄形式（包含照相和錄音）來捕捉學生當下的學習。利用這種方式，他們可以觀察學生投入學習的狀況、並在其他時候再詮釋這些證據和重新檢視這些資訊。其附加價值是教師可以和學生分享這些學習紀錄，再引發另一個更豐富的自評對話。這個方式很棒的地方在於它允許學生使用多元的方式展現他們在一段時間內的學習。操作指引 13 和 14 為學習進程提供評量策略。

當教師開始使用學習進程，他們很快就會知道學生的作業表現無法總是那麼整齊地落入單一個進程方格中，學生的學習常介於兩個或多個方格之間。那麼，如何產生單一的評分？教師可以參考學生在一段時間內多個來源或不同類型的作品，更全面性地了解學生的精熟程度，接著綜合這些證據點，以利決定學生處於進程中的哪個階段。此外，共同反思評量，也反思會影響該考量的思維為何，這都會有所幫助。使用學習進程來協同評量學生是有效的能力建構策略；當教師專注於探究學生的學習過程，他們便更能掌握教學及評量的方法；若還能從一群學生作品中選出多個範例，來檢視評分者的信度，教學的效益會更為明顯。由於評量學生的方法各自不同，很多人也許對於談論學生的作品感到不自在。在檢視同一個學生的作品時，不同教師專注在學習進程的不同部分，這是很常見的現象。也就是說，透過這些定期的、具挑戰性且健康的對話，我們可以建立對學習的共識，也可說是一種「基準」。在第九章我們將會進一步探索協作評量。

回饋

學習進程為教師以及學生開闢一條新的路徑，它提供一系列的評量、監控需求，且支持設計及反思。當學生的經驗可作為學習回饋的參考依據時，學生就可以為自己的學習負責，已有許多專文討論到學習回饋帶來的影響力。操作指引 17 提供老師機會，思考在使用學習進程時如何運用回饋。

最後，我們創造了圖 7.2 的對話指南，內含三個基本問題。在這整個章節以及這本書的其他部分，你會看見這個對話指南如何支持學生、成人、團隊或任何使用深度學習工具的人進行學習對話。

讓我們現在花一分鐘檢視教師如何和學生使用對話指南以及學習進程。使用這個學習進程作爲學習者的參考時，這個對話指南可以作爲一種訓練工具。

圖 7.2　對話指南

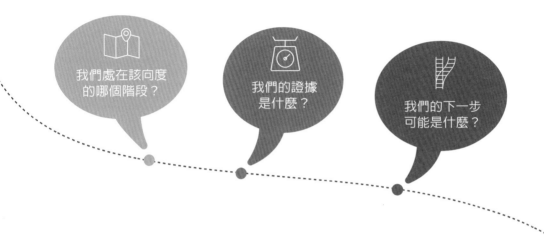

第一個問題是「你處在該向度的哪個階段？」這個問題引導學習者反思他或她的學習位置。下一個問題是「你的證據是什麼？」這個問題是一段較長對話中的一部分，此時學習者提出各式各樣多元的成果、經驗、正式與非正式的評量。有時教師需要追問學生，請學生回想學習經過並且將它和學習進程中的素養連結起來。然後，在考量該學生展現學習的所有方式後，最後一個問題是「你的下一步可能是什麼？」請注意，這個問題並非要求學生做十件事，它只要一件事就好。學習者只需專注在接下來的這一步並嘗試一段時間；亦即，當我們只聚焦在一項行爲改變時，學習與成長比較有可能生根落實。此外，這個問題的美好之處在於它如同讓學習者坐在駕駛座上一樣，學生透過反思學習進程，選擇支持自己進步的下一個步驟。

在重新投入歷程之前，當教師／教練要對同一個學習者再次使用對話指南時，可能可以用「你上次的那個『下一步』進行的如何？」這個問題作爲開始。如果能夠經常且明確地使用這個歷程，將其作爲會談策略，則可幫助學習者消除對學習的恐懼、建構深度理解、並對學習有更大的自主性。在操作指引 44 可以看到包含有效追問的對話指南。

結語

學習進程是深度學習設計以及評量的重要基礎。在下一章，我們會探索這個進程與學習設計四要素如何相互搭配，創造足以啟發並且轉化學習的深度學習經驗。

操作指引

12. 學習進程

使讀者熟悉學習進程的元素。

13. 使用學習進程分析學生作業表現

使用短文和影片探索如何使用學習進程來進行評量及提供回饋。

14. 使用學習進程評估學生

使用公民素養學習進程中的兩個向度，仔細檢驗學生作品，以綜整成單一的評定等第。

15. 提供學生回饋

將有效回饋的原則應用至操作指引 14 中所完成的評量。

16. 學生版學習進程

使讀者熟悉學生版學習進程的元素，並鼓勵他們將學習進程應用至學校環境中。

17. 運用學生版學習進程促進學生參與

介紹使用 Y 型圖，以幫助學生更加了解全球素養。

18. 學生自我評量工具

檢視工具並思考，在與學生及與夥伴合作時，如何將工具的使用最佳化。

工具

- 深度學習進程
- 學生版深度學習進程
- 學生自我評量

更多訊息

閱讀《深度學習：參與世界改變世界》第二章及第九章。

12. 學習進程

目的：理解學習進程的向度與階段，
　　　並利用其來評量學生能力

時間：**20 分鐘**

過程：理解並使用學習進程

① 發給小組或夥伴協作學習進程。

② 檢驗學習進程的組成方式，並注意。

- 素養的定義
- 向度
- 成長五階段
- 向度中的每個空格如何描述連續性的成長

③ 選擇協作學習進程，讀完其中一個向度的所有內容。

- 你注意到了什麼？跟你的夥伴討論你觀察到的東西。
- 學習進程可以如何幫助你課堂或學校裡的學生？

④ 專注在「團隊以相互依存的方式進行工作」向度上。

- 你會將自己放在向度的哪個階段？（從證據有限到精熟）
- 可以支持這個定位的證據是什麼？
- 如果要進步至精熟階段，下一步該做什麼？

⑤ 想想一個你最近觀察的學生。

- 你會把這個學生放在向度上的哪個階段？
- 可以支持這個定位的證據是什麼？
- 如果要讓這個學生進步至精熟階段，下一步該做什麼？

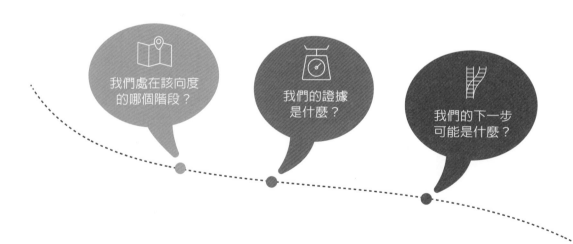

我們處在該向度的哪個階段？

我們的證據是什麼？

我們的下一步可能是什麼？

學習進程的組織

協作深度學習進程
團隊以相互依存和協力共進的方式進行工作，具有高度的人際關係和團隊合作技能，包括有效管理團隊而能做出實質決策，共同做出個人學習並促成他人學習並影響他人。

← 學習進程的定義

New Pedagogies for Deep Learning™ A GLOBAL PARTNERSHIP

← 每個學習進程被分成四到五個向度

每個方格描述各個素養階段的進程 →

深度學習進程有五個階段：證據有限、萌芽、發展、加速、精熟。在精熟右邊以及前頭指的是當我們在發現並創造新的知識時，學習可以超越精熟之外。

向度	證據有限	萌芽	發展	加速	精熟
團隊以相互依存的方式進行工作	學習者個別進行學習任務，或未正式協同兩人一組或小組進行合作，但名稱不上團隊合作。學習者或許能一起做出一些讓步或內容，但可能仍然跳過重要的實質性決策（例如如何管理流程），這對他們合作成效產生重大不利的影響。	學習者兩人一組或分組進行工作，並為完成任務以便團隊完成工作。學習者開始一起做出一些決定，但可能仍然由一或兩個成員做出最重要的實質的貢獻程度不一致。	學習者一起來定任務的分配以符合團隊成員的個人優勢和專長，然後一起進行有效地工作。學習者謹慎所有成員參與重要讓步、問題或過程隊的決策過程，並發展團隊的看法。	學習者能簡潔說明與同儕一起工作時，如何善用每個人的優勢來進行實質性能決策，並發展想法來解答團隊合作明顯展現在學習成員的意見互貢獻想法與／或創造成果。	學習者展現出高度效能，充分利用每位成員的優勢，並善用相互增效、團隊結合員的優勢或觀點都得到融合，進而達成對所有人都有利的最任決策。
具備人際關係及與團隊合作的技能	學習者在執行任務時，可能會相互幫忙，共用成果或成果，但尚未明顯暴露人際關係或團隊合作技能。學習者並未展現出真正的同理心或合作的共同目的。	學習者表現出團隊工作的共同任務、開始展現出一些人際關係和團隊合作技能。學習者關注於完成共同成果、產品、設計、回應或決策。關鍵決策可能由一個或兩個成員決定或主導。	學習者展現出高度的人際關係技巧，對工作的共同責任、並主動積極分擔責任。自始至終，團隊成員皆溝通或其他地傾聽、溝通協商，對工作的目標、內容、進度、設計和結論達成一致的看法。	學習者可以清楚說出團隊工作一起工作或成果是產生的共同責任。學習者在聆聽與有效合作上展現出高度的意見都受到重視，且反映在團隊及其工作及成果上。	學習者積極承擔責任，以確保協作過程發揮團隊合作的領到重且。學習者確保每個人的想法和專業知識能能發揮至極致，同時每項工作的成果或成果具有最佳品質或價值。
具備社交、情緒及跨文化的技能	學習者對自己有基本的覺察。學習者傾向檢視問題或現角來看待自己的行為。在某些情況下，這會妨礙他們發展正向關係的能力。	學習者開始了解自我，知道自己在世界上所處的位置以及他們的行為的應會影響他人。這個自我覺察提供良好基礎，學習者開始能更理解其他人與自己觀點的不同。	學習者能覺察自我，知道自己視角的深源。學習者更能理解和傾聽技巧使他人的情感和觀點，並以「寬容」或「接受」轉變成員珍惜與他們截然不同的觀點。	學習者具高度的自我觀察，了解自己視角的來源及同感，及與他人視角中的不同之處。學習者能有好細膩的情感和觀點，作為之豐富自己的學習，他們能有效運用的技巧，同理他人視角、同理心，情感上所發展的技巧、對團隊運作中產生重大的影響。	學習者社會與情緒的成熟技巧，反應出清楚的自我及文化認同。學習者能進行良好的跨文化與跨領域溝通，有效的團隊工作，以及建立正向的關係，他們在跨領域溝通、他們在情感上與團隊心上所發展的技巧，運作上產生重大的影響。

（續下表）

13. 使用學習進程分析學生作業表現

目的：使用學習進程分析學生作品並提供回饋

過程：用三個影片範例評量學生

第一部分：短文

① 閱讀「每天的深度學習：心靈的運動」或「有利於學生的語言：用適合他們的方式進行」。

② 討論讓學生明確理解學習進程的優點

時間：30 至 60 分鐘

資源：

工具：

● 協作學習進程

● 溝通學習進程

短文：

● 每天的深度學習：心靈的運動

● 有利於學生的語言：用適合他們的方式進行

https://deep-learning.global/ 上的影片

● 團隊動能

● 同儕會議

第二部分：影片 1：協作 —— 管理團隊動能和因應挑戰

注意：這個影片有二個部分。在影片中有標示的地方暫停一下。

③ 觀看影片：協作 —— 管理團隊動能的第一個部分。專注在學生協作員（站立者）的行為上。快速記下他的行為。你會給這學生什麼回饋？在紙上寫下你的回饋，然後放在一邊。

④ 找出協作學習進程，並唸出向度：管理團隊動能和因應挑戰。用自己的話摘要這個能力的樣貌。

⑤ 再看一次影片的第一部分，只專注在學生協作員的行為上（站立者）。觀察時，快速記下任何其他的行為。

⑥ 討論

● 你會把這個男孩放在「管理團隊動能和因應挑戰」向度上的哪個階段？

● 你的證據是什麼？

● 他的下一步可能是什麼？

● 你可以給他什麼回饋？

⑦ 觀看影片的第二部分，第二部分包括一群新的學生。專注在學生協作員身上（站立者）。快速記下你觀察到的行為。

● 你會把這個男孩放在「管理團隊動能和因應挑戰」向度上的哪個階段？

● 你的證據是什麼？

● 他的下一步可能是什麼？

● 你可以給他什麼回饋？

協作深度學習進程

你會把這個男孩放在向度上的哪個階段？

你的證據是什麼？

他的下一步可能是什麼？

你可以給他什麼回饋？

向度	證據有限	萌芽	發展	加速	精熟
管理團隊動能和因應挑戰	學習者執著於自己的觀點，缺乏傾聽或向他人學習的同理心，難以放下自己的觀點，因此無法真正傾聽他人觀點。 學習者透過順從別人的觀點或是在面對同儕壓力時快速改變自己的觀點，好逃免衝突。 團隊可能會卡在衝突裡，或是在錯誤的方向前進。	學習者仍需接受引導，以建立和維持正向的工作關係，並抵擋不當的同儕壓力。 學習者採取更深思熟慮的方法來處理分歧，要求每個成員分享他們的觀點並討論差異。 學習者開始挖掘不同視角的差異及構成差異的各類理由。	學習者通常能在團隊中有效工作，儘管有時在解決衝突、面對不當的同伴壓力或成員挑戰性的問題時，他們有時有可能需要協助。 學習者開始發展能辨認自己與他人觀點差異的能力。 學習者在清楚表達自己的觀點、聆聽以及學習上，表現漸入佳境。	學習者擅長分辨自己與他人的觀點。他們能決定在何時或為何事而定要在何時或為何事而論辯。 學習者在觀點的表達、傾聽並向他人學習上具備勇氣和清晰度。 學習者越能熟練地探索不同的意見以有助於他人的學習，且不會阻礙團隊進步。	學習者能深刻理解自己與他人觀點、具備有效表達自己觀點的勇氣和學習他人的同理心。 學習者能探索並尊重自己的意見，以豐富自己和他人的學習和思考。 學習者懂得借重各種策略來提出解決之道和減輕緊張。

⑧ **討論**

● 在評量「協作」這個素養時，有什麼觀察？

● 過去在使用學習進程時，回饋的品質有什麼不同？

● 觀察是否橫跨向度上的不同階段？如果是，這個觀察可以提供什麼資訊給你的回饋？

第三部分：影片 2：溝通 ── 反思旨在促進發展及改善溝通

⑨ **找出**溝通學習進程，特別討論「反思旨在促進發展及改善溝通」這個向度。用你自己的話，摘要出這個能力在你課堂的樣貌。

⑩ **觀看**「同儕會議」這個影片，將注意力放在這兩個男孩身上。快速記下他們的行為。

⑪ **討論**

● 你會把這些男孩放在這個向度裡的哪個階段？

● 你的證據是什麼？

● 他的下一步可能是什麼？

● 你可以給他什麼回饋？

⑫ **思考**你最近要教授的內容。你可能會用哪些進程來評量學生作業？

溝通學習進程

向度	證據有限	萌芽	發展	加速	精熟
反思旨在促進發展及改善溝通	學習者能在引導之下請他人提供回饋。	學習者能利用檢核表或教師主導的評量規準及操作指引，請他人提供回饋。	學習者能請他人提供回饋，且開始能夠反思自己的溝通過程。 在每項任務中，學習者發展監控、管理與改善溝通的能力。	學習者參與持續的回饋與反思循環，以能改善並精緻化訊息。 學習者能理解多元觀點且調整訊息用語。	學習者主動進行反思、修正、精緻化溝通，以確保訊息如他們所預期地被理解。 學習者尋求多元觀點並檢視個人偏見。

當教師在校內和跨校都能進行協作，且在協作時懂得使用操作指引、示例以及工作流程，深度學習設計就會加速發展。

——《深度學習：參與世界改變世界》

14. 使用學習進程評估學生

目的：檢核眾多證據，使用學習進
　　　程綜整成一個單一的評估表

過程：模擬：使用多樣來源的證據

時間：**30 至 40 分鐘**

資源：

工具：

● 學習設計示例：探索貧窮：一個
　永續的方法（六年級）
● 公民素養學習進程

① **詳細閱讀**學習設計示例
　（在本章的最後）：一個
　永續的方法（六年級）。

② **關注**公民素養，尤其是下
　列向度：

　● 具有全球視野
　● 為了多元價值與世界觀，透過同
　　理和惻隱之心致力於人類平等與
　　福祉？

③ 一起合作**檢視**由一位學生
　產出的三個作品樣本。

　● 學生作品：學生會議
　● 商業計畫投影片
　● 學習日誌

④ **考慮**

● 你會把這位學生分別放在這兩個向
　度的什麼階段？
● 你的證據是什麼？
● 學生的下一步可能是什麼？

學生作品範例

A. 學生作品：學生會議

 教師： 請解釋為什麼哥倫比亞的農夫需要你的協助？

 學生：農夫們無法靠販賣香蕉維生。運送香蕉要花太多錢，另一方面，強烈的颶風毀損了很多的香蕉。村莊的人都是依賴農作維生，像 Juan 一樣的農夫沒有辦法找到其他的工作，而且大部分的人都很窮，沒有人能夠借錢給他。

 教師： 他的社區還發生了什麼其他的事？

 學生：因為其他地方發生暴力和幫派火拼，越來越多人不斷湧入他的村莊，對他的村莊造成更多的壓力，對那裡的人並不真的公平。此外，在那裏似乎有很多暴力以及古柯鹼的毒品戰爭，我認為農夫們被毒梟欺負。

 教師： 為什麼政府無所作為？

 學生：很不幸的是，因為政府自己也在打擊毒梟，所以幫不上什麼忙。其實我無法理解為什麼他們沒有辦法再多幫助農夫一些。我為 Juan 感到難過，他有七個孩子，而要養活他們非常困難。但坦白說，我不明白他為何不像我的祖父一樣，全家打包離開哥倫比亞。很顯然地，這是一個很難生存、無法養家活口的地方。

B. 商業計畫投影片

什麼是 Kiva？

- Kiva 這個網站會讓你看到在教育、工作、生活其他方面需要幫助的人。
- 你可以為他們募款，也可以像貸款一樣投資他們。
- 他們還清貸款後，你可以再投資到其他人身上。

為什麼選擇 Kiva？

我選擇 Kiva 有二個主要的原因：

- 我可以進到網站中去看看許多需要幫助的人，能找到真正關乎他們需求的資訊，然後根據資訊來下決定。
- 幫助某個人不會就停在那兒，因為當你幫助這個人時，也能影響到他的社區。

我選擇資助誰，背後的原因為何？

我選擇資助 Juan Carlos Alfonso 是因為：

- 我的貸款能幫助他買肥料、殺蟲劑，還有像是木材和電線等農場必需品，好幫助他的農場撐得下去，然後再回饋給他的社區。
- 我選擇他是因為我的祖父也來自哥倫比亞，他告訴我一些他在農場上努力工作的故事，還有社區裡相互分享，是很重要的。
- 對我來說，能了解到這點，進而做點什麼，而我的貸款能幫助他更快速達標。
- Juan 幾乎快要達成貸款的目標。

我是如何募款？

我做了兩件事來為 Juan Calos 募款：

- 每個禮拜，我存下 10 至 25 元。
- 我幫鄰居的草坪除草五次，可以得到 5 元（我現在仍這麼做，好賺更多的錢來貸款給 Kiva 網站上的人）。我喜歡把除草的工作跟同樣也在土地上工作的農民而發起的募款活動連結在一起。
- 我在十周內募集了 50 元。
- 每周從我 5 元的零用錢裡，留下 2.5 元。

我的反思

- 我真的很喜歡這件事，就是可以用同樣的 50 元，借給很多不同的人。這是一個永續的方法。
- 學會真正的同理是很重要的。當你有同理心時，無論他們在世界上的何處，透過科技，而且了解他們的社區，你就能專注於思考你和他們如何產生連結，來幫助他們和他們的社區，甚至是小學生都能夠做出貢獻，解決全球的議題和挑戰。
- 我希望我的例子能證明，任何人，甚至是小學生都能夠做出貢獻，解決全球的議題和挑戰。

我放在父親店裡的捐獻罐

- 標誌和圖片

跟捐獻罐一起，
放在父親店裡的
海報

C. 學習日誌

NO.
DATE　9 / 3 / 18

探討貧窮

今天我跟我的小組討論時，我們腦力激盪出一些想法，讓人們願
意捐錢給 Kiva 計畫。我們決定要用海報和廣告將訊息傳遞出去，
也對或許能幫忙行銷計畫的標語提供建議。我靈機一動，想到了
「幫助他們，讓他們自助」這個標語，這也是 Kiva 這個計畫的精
神。這個標語很短、又清楚，能夠留在人們的心中，我想我會使
用這個標語。人們不是只有把錢給出去而已，我覺得這個標語會
讓他們願意捐獻。我希望這能創造一種共鳴，因為捐錢的人也會
參與這個過程，幫助他人產生力量。我會把標語放在海報上，也
會製作同樣的標籤貼在爸爸五金行的募款罐上。

操作指引

15. 提供學生回饋

目的：提供回饋給參與深度學習的
學生

時間：**20 至 30 分鐘**

過程：思想泡泡

資源：

●學生的作業，操作指引 14

① **參考**操作指引 14，學生作業中的
三個示例。

② **閱讀**有效回饋的原則。

③ **建構**學生回饋的同時，將原則謹
記心中。把你要對學生說的話寫
在白色的對話泡泡。

④ 跟夥伴**分享**你寫的東西。

⑤ 一起**反思**

● 會固定使用哪些回饋原則？

● 可以更常使用哪個回饋原則？

● 如何用問題的形式提供回饋？

● 當提供回饋時，常常會面對的挑戰
是什麼？

建立 6Cs 素養的明確指標和共同
理解是邁向深度學習的第一步。

—— 《深度學習：參與世界改變世界》

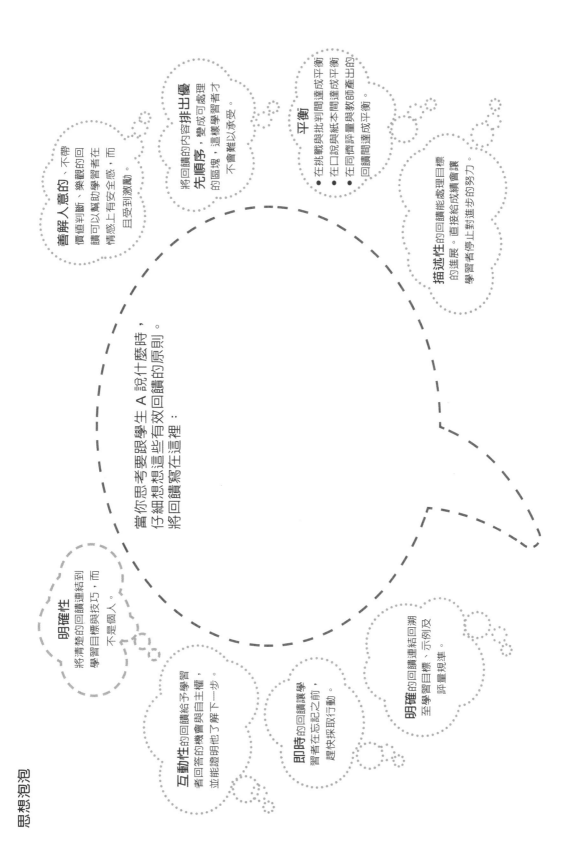

思想泡泡

善解人意的、不帶價值判斷、樂觀的回饋可以幫助學習者在情感上有安全感,而且受到激勵。

將回饋的內容排出優先順序,變成可處理的區塊,這樣學習者才不會難以承受。

平衡
● 在挑戰與批判間達成平衡
● 在口說與紙本間達成平衡
● 在同儕評量與教師產出的回饋間達成平衡。

描述性的回饋能處理目標的進展。直接給成績會讓學習者停止對進步的努力。

當你思考要要跟學生 Ａ 說什麼時,仔細想想這些有效回饋的原則:
將回饋想寫在這裡。

明確性
將清楚的回饋連結到學習目標與技巧,而不是個人。

互動性的回饋給予學習者回答的機會與自主權,並能證明他了解下一步。

即時的回饋讓學習者在忘記之前,趕快採取行動。

明確的回饋連結回溯至學習目標、示例及評量規準。

16. 學生版學習進程

目的：理解學生版學習進程

過程：討論

時間：**10 至 30 分鐘**

> **資源：**
>
> 工具：
> - 協作學習進程
> - 協作學生版學習進程
>
> 短文：
> - 有利於學生的語言：用適合他們的方式進行

① 審視學生版學習進程

② 討論

- 與操作指引 12 的協作學習進程有什麼相似處或不同處？
- 學生版學習進程帶給學習什麼附加價值？
- 你要如何使用這個工具幫助學生成為自主的學習者？
- 你可以如何改編這個工具來支持有不同需求的學習者？
- 如何在你的學校運用這個學生版學習進程？

③ **三人為一組**，閱讀短文：有利於學生的語言：用適合他們的方式進行。跟你的小組分享你的見解，而後思考如何在你的課堂或學校裡運用學生版學習進程。

協作學生版深度學習進程
能相互依存，並與他人共同合作、共同做出重要的決策、從他人學習，也促進他人的學習。

向度	證據有限	萌芽	發展	加速	精熟
團隊以相互依存的方式進行工作	我也許能協助任務，在處理團隊任務時，我通常獨立作業而非與團隊一起合作。 我會跟團隊討論一些工作，但無法討論太多重要的決策。	在協助之下，我能確認我知道什麼、我需要學習什麼，以及為什麼。 在協助下，我能挑選主題並找到需要的資訊。 我開始把同儕及教師的回饋視為學習跟改善的機會。 我想我能夠學習，而後成功。	我能描述自己對什麼有興趣、我知道什麼、我需要學習什麼，以及為什麼我需要學習。 我能挑選主題，並發想／設計能幫助我學習的計畫。 我能聆聽同儕和教師的回饋，並善用它來改善我學習的方式。 學習是一個正向的經驗，並能帶來成就感及成功的感覺。	我理解我需要學習什麼，並擅長找到學習的方法。 在學習時，我能反思自己的進展並尋求回饋以改善學習。 我使用我所學到的東西來幫助改善現在和未來的計畫。我喜歡學習，並將其視為改善人生的方法。我試著在工作與玩樂間達成平衡。	我能有技巧去找到並建立自己的學習機會。 我能持續地增進知識與技能，以幫助自己在人生中成功。 我能創造出對我的人生及世界具有意義的解決方案。 我積極地尋求回饋，並利用它來更加了解我的學習狀況並能幫助我的成長。即使面對挑戰性的任務，我仍能尋求學習新事物的各種機會。我能在學習與玩樂間達成平衡。
具備人際關係及團隊合作的技能	我也許能協助任務，或在任務中與他人合作，但通常不知道如何要合作，或開始合作的最佳方法。	當以團隊方式運作時，能意識到我們正在努力達成共同目標或解答。 關鍵的團隊決策通常是由一或兩個成員來決定，而非整個團隊。	我能與他人有良好的合作，而團隊正努力讓我們的學習要更加成功。 我能聆聽我的團隊成員，並與其討論；我們能同意計畫內容及預期的成果。 我是非常好的聆聽者，目能確保在合作時，每個人	我能理解且清楚地說出團隊成員是如何進行合作並達成最好的成果。 我能與其他人合作以解決衝突，並能達成團隊目標。	我能與團隊中的其他成員合作，確保我們協作的過程盡量有效。 我能確保每個人的想法、知識、和能力都有被聽到並受到重視。 我能確保我們的作品產出，儘可能是最好。

> 如果要極大化學習，學生就必須對自己的學習負責，並理解學習的歷程。這需要學生發展後設認知能力、學習提供和接受回饋，以及讓學生具備能動性。

—— 《深度學習：參與世界改變世界》

17. 運用學生版學習進程促進學生參與

目的：使用 Y 型圖來理解如何使用學生版學習進程促進學生參與學習

過程：使用 Y 型圖

時間：30 分鐘

資源：

工具：

● 協作學習進程

● 協作學生版學習進程

① 形成小組

② 檢視

- （教師版）協作學習進程及其向度：管理團隊動能和因應挑戰
- 學生版學習進程：協作

③ 找出在兩個進程中都很明顯的**關鍵概念**。

④ **使用 Y 型圖**，用學生能理解的語言，在課堂上確認那些關鍵概念看起來、聽起來、感覺起來像什麼？

⑤ 討論

- Y 型圖以何種形式幫助理解觀察？
- 在課堂上、學校裡、甚至與家長社群一起，你可以用哪些方式使用這個學生版學習進程？

⑥ 用其他的向度或進程**重複**這個過程，以建立熟悉度。

⑦ **閱讀引言**。用「這讓我想到……」這個句型開始，每個人輪流回應整個（或是部分）的引言。

> 我們看到對 6Cs 的共同理解漸漸成為學習文化的一部分。在與同儕和世界的互動中，學生的表現更有道德感和同理心。但這不只是為了感覺良好而已；一旦教師將學習進程當作基石來設計和共同設計學習、學生也能自我發展並看到他人的成長，就表示深度學習已經發生。

—— 《深度學習：參與世界改變世界》

Y 型圖
這在你的課堂上看起來、聽起來、感覺起來會像什麼？

聽起來像什麼？

看起來像什麼？

感覺起來像什麼？

18. 學生自我評量工具

目的：理解學生自我評量工具的架構及目的

過程：討論

① **檢視**學生自我評量工具，且注意：

- 學生如何標記他／她素養所在的階段

② **檢視**協作學習進程

- 協作學習進程左方關於五個向度的描述。
- 學生如何將標記的課程描述轉換成不同等級。
- 評分量表從證據有限到精熟。
- 這個工具要求學生提供可支持自我評量的證據。
- 提示詞邀請學生思考下一步的學習及行動。

時間：15 至 30 分鐘

資源：

工具：
- 協作學生版學習進程程
- 學生自我評量工具

③ **討論**

- 學生自我評量工具如何幫助學習者反思並投入行動？
- 學習設計的哪些重點對學生最有幫助？
- 要如何介紹這個工具給學生？
- 要如何與家長一起使用這個工具？

學生版學習進程範例

 協作學生版深度學習進程
能相互依存，並與他人共同合作、共同做出重要的決策、從他人學習，也促進他人的學習。

向度	證據有限	萌芽	發展	加速	精熟
團隊以相互依存的方式進行工作	我也許能協助任務，在處理團隊任務時，我通常獨立作業而非與團隊一起合作。我會跟團隊討論一些工作，但無法討論太多重要的決策。	在協助之下，我能確認我知道什麼、我需要學習什麼，以及為什麼。在協助下，我能挑選主題並找到需要的資訊。我開始學習將同儕及教師的回饋視為學習跟改善的機會。我想我能夠學習，而後成功。	我能描述自己對什麼有興趣、我知道什麼、我需要學習什麼，以及為什麼我需要學習。我能挑選主題，並發想／設計能幫助我學習的計畫。我能聆聽同儕和教師的回饋，並善用它來改善我學習的方式。學習是一個正向的經驗，並能帶來成就感及成功的感覺。	我理解我需要學習什麼，並擅長找到學習的方法。在學習時，我能反思自己的進展並尋求回饋以改善學習。我使用我所學到的東西來幫助我改善現在和未來的計畫。我喜歡學習，並將其視為改善人生的方法。我試著在工作與玩樂間達成平衡。	我能有技巧去找到並建立自己的學習機會。我能持續地建構知識和技能，以幫助自己在人生中成功。我能創造出對我的人生及世界具有意義的解決方案。我積極地尋求回饋，並利用它來更加了解我的學習狀況並能幫助我的成長。即使面對挑戰性的任務，我仍能尋求學習新事物的各種機會。我能在學習與玩樂間達成平衡。
具備人際關係及與團隊合作的技能	我也許能協助任務，或在任務中與他人合作，但通常不知道為何合作，或開始合作的最佳方法。	當以團隊方式運作時，能意識到我們正在努力達成共同目標或解答。關鍵的團隊決策通常是由一或兩個成員來決定，而非整個團體。	我能與他人有良好的合作，而團隊正努力讓我們的學習更加成功。我能聆聽我的團隊成員，並與其討論；我們能同意計畫內容及預期的成果。	我能理解且清楚地說出團隊成員是如何進行合作並產出最好的成果。我能與其他人合作以解決衝突，並能達成團隊目標。我是非常好的聆聽者，且能確保在合作裡，每個人的意見都有被聽到並受到尊重。	我能與團隊中的其他成員合作，確保我們協作的過程盡量有效。我能確保每個人的想法、知識、和能力都有被聽到並受到重視。我能確保我們的作品產出，儘可能是最好。

（續下表）

 協作學生版深度學習進程
能相互依存，並與他人共同合作、共同做出重要的決策、從他人學習，也促進他人的學習。

向度	證據有限	萌芽	發展	加速	精熟
具備社交、情緒及跨文化的技能	我開始看到我的行為對他人產生重大影響，但要從別人的觀點來看事情仍有困難。	我開始比較理解自我及我對什麼有興趣。我看到我的行為是如何影響他人，且知道人們可能跟我有不同的感受和意見。	我能理解自己是一個怎樣的人，及我會有自己觀點的原因。我能聆聽並理解其他人的觀點，即使這些觀點與我不同，我仍能重視他們的觀點。	我能充分理解自我，我完全理解自己的觀點，知道這些觀點為何及如何與他人不同。我能聆聽情緒及他人的觀點，並善用這些來增進自己的學習。在團隊中，我懂得如何幫助自己成長，藉此成長也讓我知道如何幫助我的團隊成員成長。	我的社交和情緒技巧能展現出我對自我和自身文化有強烈的感知。我能持續地與每個人溝通，並與團隊成員形成良好的互動關係。我能理解他人的觀點，且能夠在聆聽他人後，改變自己的行為。
管理團體動能和因應挑戰	當以團隊方式運作時，我對於聆聽或接受與自己不同的觀點是有困難的；或者，我會藉由不分享自己的想法來避免衝突。這對我的團隊和我們的工作造成負面影響。	我在形成與團隊成員的正向關係得很好，但有時候藉由聆聽其他人的觀點，我開始學習處理不一致的看法，但對解決我們的歧異仍有困難。	身為團隊成員時，我通常能運作得很好，但有時候在解決問題和挑戰時仍需要協助。我能聆聽並分享自己的觀點、且學習他人的觀點。我開始理解為什麼人們會以那樣的方式看待事情。	我能理解自己與他人的觀點，並知道哪些部分形成我們的共同信念。我能分享自己的觀點，聆聽並學習他人的觀點，且沒有證實團隊的進度。	我能確實理解自己與他人的觀點，能清楚表達自己的觀點，並能持續且一致地向他人學習。我能尊重團隊成員的意見，並以此方式幫助我們成長，並達成共同的目標。
數位利用	我能使用一些科技與他人協作。	我能使用科技與他人合作，並檢視我們團隊的效能。	我能使用科技獨立工作也能與人協作。科技的使用能幫助我理解並欣賞他人的觀點。	我能清楚說出科技如何改善我們的合作、我們責任的分攤、以及在面對任務的重要層面時，如何改善我們決策的過程。	我能輕而易舉地使用科技進行有效的協作、用新的且更深入的方法工作並思考。科技讓我的工作方式能符合我的需求。科技讓我與團隊成員都能對共同任務做出重要貢獻。

應用學習進程｜第七章　115

工具：深度學習進程

品格深度學習進程

學習如何深度學習，具備自主學習中重要的社會及情緒品格特徵—勇氣、堅持、毅力和修復力，這些能力讓學習成為生活不可或缺的一部分，目能為自己和他人積極地改變成果。

向度	證據有限	萌芽	發展	加速	精熟
對於人生和學會如何學習採取積極的態度	當被給予深度學習經驗時，學習者需要很多的指導和結構支持。他們期望被動的被給予計畫。學習者尚未展現對學習的開放性。	在引導下，學習者開始對自己的學習建構技巧、作選擇反作習作規畫。學習者能跟教師合作，一起選擇主題、找到或創造需要學習的機會。學習者開始將錯誤視回饋視為學習的機會。學習者開始發展正面的觀點，開始發展自我效能反對成就的興趣。	不論是個人或在團體中，學習者越來越能為自己的學習負責。學習者可以自己行計畫務的執行方式、監控自己的進度、反思並改善作品品質。學習者樂於接受回饋，並將其視為學習及改進的機會。學習者對於學習展現正面觀點，目能理解為這種學習意願願會帶來成就。	學習者展現出很強的自我反思能力，並對自己的學習負責。他們能夠做出行有效地思考、為自己做出決定、並掌握學習決定。學習者視回饋為必要，用來調整目前的學習經驗，也可改進下一個學習任務。學習者經常對學習展現出正面開放的態度，渴望在每次學習及表現機會中做到最好。他們正在學習在追求成功和其他生活的重要層面之間達成平衡。	學習者能非常有效率地找到並創造自己的學習機會，這些學習能夠幫助他們建構需要的知識及技能，以在生活中獲得成功並做出有價值的解答。學習者是自主的，在學習上能在學習者的共同學習者與共同設計者。學習者積極尋求回饋，並使用回饋來更加掌握自己的學習方法。學習者認為學習是生活中不可或缺的一部分，即使面臨極挑戰，對人的態度仍是積極正向，且更能盡力而為。他們能在追求成功和其他生活中的重要層面之間達成平衡。
具備勇氣、堅持、毅力和修復力	學習者在試圖完成任務或行動時，如果預期之外、受到挑戰、負面或負面回饋的問題或感到挫影，容易感到氣餒。這嚴重影響了他們完成挑戰與找到解決方案的能力。	學習者仍然需要強力的支持和鼓勵來應付挫折、負面回饋和困難的挑戰。學習者開始展現出一些勇氣和堅持，但若沒有支持，很容易失去動力。	學習者用自己處理及完成深度學習、學習經驗。應對挑戰的方式、開始發展勇氣、堅持、毅力和修復力。學習者尚無法接受重大挫折或負面回饋的挑戰，但能好好處理小規模到中等難度的挑戰，能暫停、反思、思考新解方、並堅持至找到突破點。	學習者在處理和完成深度學習任務時，明顯表現出他們的勇氣、堅持和毅力。面臨重大挫折或負面回饋時，需要學習者會停下來反思、調整，目能堅定地處理問題，直到找到突破站為止。學習者能夠清楚說出對生活和工作來說，這些品格特質有多重要，學習者能理解這些理由。	學習者具有高度發展的勇氣、毅力和修復力。使學習者具有彈性並完成挑戰，自能在挑戰及的過程中支持他人，尋求回饋及挑戰，將其視為學習的機會。為了創造生活、工作和世界中有意義的變革，學習者能理解這些品格特質的重要性。

品格深度學習進程

學習如何深度學習，具備自學習中重要的社會及情緒品格特徵—勇氣、堅持、毅力和修復力，這些能力讓學習成為生活不可或缺的一部分，目能為自己和他人積極地改變成果。

向度	證據有限	萌芽	發展	加速	精熟
表現同理、惻隱之心和正直的行為	學習者尚不能理解同理、惻隱之心以及正直會影響學習時與人的互動和更廣的情境。	學習者開始理解同理、惻隱之心以及正直會影響學習時與人的互動和更廣的情境。	學習者從自己的經驗理解同理、惻隱之心以及正直會影響學習時的與人互動和更廣。他們能真誠地投入發展這些品性。	學習者能自我反思，並會努力在學習和生活各層面展現同理、惻隱之心以及正直。	學習者能展現出高度的同理、惻隱之心以及正直。即使在無人注意時，也仍然對自己有高標準的要求。即使面對不利情形，學習者仍能示範真誠、公平和勇氣的行為。在遭遇不公義時，他們會採取行動。
數位利用	學習者在學習過程中有在使用一些數位工具，但他們尚未了解如何利用數位或發展支持學習或發展學習品格的態度。	學習者開始使用數位工具來協助學習，並利用其來發展同理、惻隱之心及勇氣。	學習者能夠經常使用數位工具來促進學習，並利用其發展同理、惻隱之心以及勇氣的特質。	學習者能清楚表達數位工具如何增進他們學習的能力與反思學習的能力，並利用其來發展像是同理、惻隱之心、勇氣的特質。	學習者能選擇並使用適當的數位平臺、工具和科技，用來定義及監控學習目標與策略是否成功。學習者能使用數位工具來支持他人發展同理、惻隱之心和勇氣。

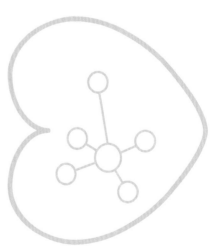

公民素養深度學習進程

以全球公民的角度思考，基於對多元價值和世界觀的深刻理解，思考個人與社會的福祉及全球性議題。並對影響公平、人類社會永續的模稜兩可且複雜之真實世界問題，抱持真誠的志趣、同理、惻隱之心和解決能力。

向度	證據有限	萌芽	發展	加速	精熟
具有全球視野	學習者對世界漠不關心，對不是立即所需要面對的議題缺乏興趣或理解。	學習者開始對在地或全球議題進行探索或顯示出興趣：在試圖了解議題的因果關係時，能從不同的角度進行思考。	學習者展現出對在地與全球議題的理解。學習者對於世界的和平與衝突、全球相互依存、不平等和不公正等有較清楚的概念。	不論是個人或在團隊中，學習者在回應全球議題時，都能積極投入思考並採取行動。學習者開始確認自己的能動性，且對於自己和所有人都能對全球社會有所貢獻表示尊重與期待。	學習者以全球公民的身分思考並採取行動。學習者尋找對全球具重要性的議題，且相信人類可以對世界做出改變，自己也積極地投入對實現此一目標。
為了多元價值與世界觀，透過同理和惻隱之心致力於人類平等與福祉	學習者在理解、接受和欣賞不同文化的觀點時遭遇遇困難。	學習者開始表現出對自己身份和文化的意識，並能理解一些不同文化間的差異。學習者仍然需要相當多的引導，以協助他們理解和接受其他思維方式。	學習者正在發展他們個人與文化的身分認同，並知道這會影響他們看待世界的方式。在引導之下，學習者正在學習對其他世界觀懷有同理和惻隱之心。	立基於對自身文化和世界觀的覺察與理解，學習者能對不同的文化和世界觀懷抱開放的好奇心。學習者真誠地關心平等，對其他人展現同理與惻隱之心。	學習者善用對自身和其他文化的理解，而能採取行動，以消弭不平等。學習者用多元價值與世界觀來思考全球議題。學習者積極地與他人互動以促進全球的平等與福祉的同時，能展現同理與惻隱之心。
對於人類和環境的永續，抱持真誠的志趣	學習者極為缺乏對環境議題的意識和關注。	學習者開始認知到，每個人的行為都會對環境產生衝擊。在引導下，學習者能將這些概念帶入探究中。	學習者能感受和理解在地和全球的永續對整體人類和環境的重要性。學習者開始將這些概念納入探究中。	學習者能產出達成環境永續的方案，這些方案令人信服這個地球及其居民。學習者能夠獨立將這些概念應用至深究中。	學習者能對人類、環境議題及其重要性展現令人信服的觀點。學習者能將此觀點融入至學習和行動之中，並為人類和環境永續積極地改進學習與行動。

(續下表)

公民素養深度學習進程

以全球公民的角度思考，基於對多元價值和世界觀的深刻理解，思考個人與社會的福祉及全球性議題。並對影響公平、人類與環境永續的模稜兩可且複雜之真實世界問題，抱持真誠的志趣，惻隱之心和解決能力。

向度	證據有限	萌芽	發展	加速	精熟
為了造福人類，解決真實世界中模稜兩可且複雜的問題	學習者在處理真實世界的挑戰和問題時，安心感低。他們需要已確認過的、設好框架的和結構性好框架的和結構性的任務。	學習者在面對開放性、真實世界的挑戰和問題時，開始展現出些微熱忱感。學習者仍然需要一些引導來確認該從哪裡開始，對不確定性開始有安心感。	學習者對對開放性、真實世界的挑戰和問題發展出興趣。學習者只需要一些大致的規範就能開始執行任務，應對不確定性的能力正在發展中。	學習者熱切地想要多加學習，並能討論影響在地和全球的真實挑戰及問題。學習者有能力探索高度不確定且沒有預設解決方案的真實世界問題。	學習者能處理困難的真實世界挑戰及問題。學習者能為自己建立觀察議題的觀點或方式，而不需要遵循給定的觀點。
數位利用	學習者尚未學會如何使用數位工具來產出問題或探索全球議題。	學習者開始使用數位工具來理解社區議題。他們透過科技與社區成員產生聯繫，開始理解數位公民素養代表的是：用彼此尊重的方式來溝通及使用科技。	學習者能有效使用數位工具，以擴大與在地及全球的連結。學習者能利用數位工具產生對外的連結並理解議題。學習者正在學習數位公民素養代表的是：用尊重、同理、合法及適當的方式，來溝通及使用科技。	學習者能使用數位工具建立連結，並產出對全球有同理、關注文化、支持公平公正、且有助於環境永續的解決方案。學習者以數位的方式與不同文化背景的人產生連結，並能持續地展現出高度數位公民素養的行為。學習者可以清楚說出如何在學習過程中強化對全球、文化和環境的關注。	學習者選擇並使用適當的數位平臺、工具及科技，以深化並豐富自己的觀點。學習者能使用數位科技，從不同的觀點來啟動對複雜問題的協作檢視。學習者可以清楚說出並展現數位公民素養，該素養對於促進不同文化和環境中的公平、正義和永續能有所貢獻。

第七章

協作深度學習進程

團隊以相互依存和協力共進方式進行工作，具有高度的人際關係和團隊合作技能，包括有效管理團隊動能與挑戰、共同做出實質決策、促動能向他人學習並影響他人。

向度	證據有限	萌芽	發展	加速	精熟
團隊以相互依存的方式進行工作	學習者個別進行學習任務，或非正式地兩人一組或小組進行合作，但稱不上團隊合作。學習者或許能一起討論一些議題或內容，但跳過重要的實質性決策（例如如何管理所流程），這對合作成效產生重大不利的影響。	學習者兩人一組或分組進行工作，並負責完成任務，以便團隊完成工作。學習者開始一起做出一些決定，但可能仍然由一、兩個成員做出最重要的實質貢獻性決定。小組成員的貢獻程度不一致。	學習者一起決定任務的分配以符合團隊成員的個人優勢和專長，然後一起有效地工作。學習者讓所有成員參與重要議題、問題或過程的決策過程，並發展團隊解決方案。	學習者能清楚說明與同儕一起工作時，如何善用每個人的優勢進行實質性的決策，並發展想法和解答。團隊合作明顯展現在學習者能相互貢獻想法與／或創造成果。	學習者展現出高度效能，充分利用每位成員的優勢，並提供彼此機會來相互融合。團隊成員的優勢和觀點都得到融合，進而達成對所有人都有利的最佳決策。
具備人際關係及團隊合作的技能	學習者在執行任務時，可能會相互幫忙，完成共同成果或結果；但尚未明顯展露人際關係或團隊合作技能。學習者並未展現出真正的同理心或合作的共同目的。	學習者開始對團隊工作的共同責任，開始展現出一些人際關係和團隊合作技能。學習者會關注於完成共同成果、產品、回應或決策。關鍵決策可能由一個或兩個成員決定或主導。	學習者展現出高度的人際關係技巧，對工作的共同責任、並主動積極分擔責任。自始至終，團隊成員皆可有效地傾聽、回商、目對工作的目標、內容、進度、設計和結論能達成一致的看法。	學習者可以清楚說出團隊工作、作品或成果產生出的共同責任。學習者在聆聽、工作推進與有效團隊合作上展現出高度的技巧、能確保所有成員的意見都受到重視，目反映在團隊工作及其成果上。	學習者積極承擔責任、以確保過程發揮最佳成果。學習者確保每個人的想法和專業知識能被發揮至極致，同時每項工作的成品或結果都有最佳品質或價值。
具備社交、情緒及跨文化的技能	學習者對自己有基本的覺察。學習者傾向從自己的視角來檢視問題。在某些情況下，這會妨礙他們發展正向關係的能力。	學習者開始了解自我，知道自己在世界上所處的位置以反他們的行為會如何影響他人。這種自我覺察提供良好的基礎，學習者開始能更能理解其他人與自己觀點的不同。	學習者能覺察自我，知道自己視角的來源。自我覺察和傾聽技巧使學習者更能理解和同理他人的情感和觀點，並以「容忍」或「接受」自己的學習，變成「珍視」誠與他們截然不同的觀點。	學習者具高度的自我覺察，了解自己的視角來自何處，反與他人視角的不同之處。學習者能仔細聆聽、同理他人的情感觀點，並豐富自己的學習。作為團隊成員，他們能用有效的方式支持、鼓勵、挑戰他人。	學習者與社會與情緒的成熟技巧，反應在清楚的自我反文化認同。學習者能進行良好的跨文化與跨領域溝通、有效的團隊工作。他們在以反建立正向的關係、同理心、理解其他人視角、同理心，情心上所發揮的技巧、對團隊運作上所產生重大的影響。

協作深度學習進程

團隊以相互依存和協力共進方式進行工作，具有高度的人際關係和團隊合作技能，包括有效管理團隊動能和因應挑戰、共同做出實質決策、促成向他人學習並影響他人。

向度	證據有限	萌芽	發展	加速	精熟
管理團隊動能和因應挑戰	學習者深陷於自己的觀點中，缺乏傾聽或向他人學習的同理心，因此無法真正傾聽他人觀點。學習者透過自己或是面對同儕壓力時快速改變自己的觀點，好避免衝突。團隊可能會卡在衝突裡，或是往錯誤的方向前進。	學習者仍需接受引導，以建立和維持正向的工作關係，並抵擋不當的同儕壓力。學習者採取更深思熟慮的方法來處理分歧，要求每個成員分享他們的視角並討論差異。學習者開始挖掘視角的各類差異並建構成差異的理由。	學習者通常能在團隊中有效工作，儘管有時在解決衝突、面對不當的同伴壓力或具挑戰性的問題時，他們可能需要協助。學習者開始發展能夠辨認自己與他人觀點差異的能力。學習者在清楚表達自己的觀點、聆聽以及從他人觀點上學習，表現漸入佳境。	學習者擅長分辨自己與他人的觀點。他們能決定要在何時或成為何事而論辯。學習者在觀點的表達、傾聽並向他人學習上具備勇氣和清晰度。學習者越能熟練地探索不同的意見以有助於他人的學習，目不會阻礙團隊進步。	學習者能深刻理解自己與他人觀點、具備有效表達自己觀點的勇氣和清晰度，以反傾聽和學習他人的同理心。學習者能探索並尊重不同的意見，以豐富自己和他人的學習與思考。學習者懂得借重各種策略來提出解決之道和減緩緊張。
數位利用	學習者能使用一些數位工具來產生連結和協作。	學習者能使用數位工具進行團隊的工作，並反思團隊的協作和學習進展。	學習者能有效使用數位工具來建立相互依存的關係並理解他人的觀點。	學習者可以清楚表達數位工具的使用如何促進團隊的相互依存、深化協作的本質、建立更好的共同責任感，以及改善學習或成果。	學習者選擇並使用適當的數位平臺、工具以反科技，以豐富自己和他人的學習。學習者不論在何處工作，都能使用數位科技，發揮高度的效能和效率。

New Pedagogies for
Deep Learning
A GLOBAL PARTNERSHIP

溝通深度學習進程

為受眾以反學習成果量身訂制選用各類風格形式、模式和工具（包括數位工具），有效地溝通目的以反意見。

向度	證據有限	萌芽	發展	加速	精熟
溝通的設計有考量到受眾及其影響	學習者依循某種規範的溝通模式，他們的溝通可能侷限於某種特定的溝通模式（例如書面、口頭、視覺）。	學習者可從各種傳達訊息的溝通模式中進行選擇，但仍需要引導。	學習者在選擇溝通模式與工具來傳達訊息時，越來越有技巧。	學習者能分析不同溝通模式與工具的優點。學習者開始思考如何讓各種受眾接受到他們的訊息。	學習者和各種特定受眾來進行溝通時，懂得選擇時機與方式。學習者能夠清楚說明他們如何選擇反何以選擇影響這些受眾的訊息，來傳達影響受眾的訊息。
訊息足以倡導目標且產生影響	學習者的訊息不清楚。學習者尚未刻意使用溝通技巧。	學習者的訊息員有一致性。透過反覆的試驗，學習者開始注意到溝通技巧（語言、語調、時機、組織模式、以及表徵特性）有助於改善可信度。	學習者的訊息員有一致性，但具有行動訴求並不清楚。學習者知道溝通技巧（語言、語調、時機、組織模式、以及表徵特性）但無法將它們的功用發揮到極致。	學習者的訊息發人深省但也許無法激發改變。學習者使用溝通（語言、語調、時機、組織模式、以及表徵特性）進行有效溝通，但訊息仍無法造成影響力。	學習者的訊息令人信服，有可能挑戰載到思考或引發行動。學習者能技巧性地使用細微但明顯的溝通技巧（語言、語調、組織模式以及表徵特性）時進行具說服力的溝通。
反思旨在促進發展及改善溝通	學習者能在引導之下請他人提供回饋。	學習者能利用檢核表及或教師主導的評量規準及操作指引，請他人提供回饋。	學習者能請他人提供回饋、目開始反思自己的溝通過程。在每項任務中，學習者發展監控、管理與改善溝通的能力。	學習者參與持續的回饋與反思循環，以能改善並精緻化訊息。學習者能理解多元觀點且調整訊息用語。	學習者主動進行反思、修正、精緻化溝通，以確保訊息如他們所預期地被理解。學習者尋求多元觀點並檢視個人偏見。

（續下表）

溝通深度學習進程

為受眾以及學習成果量身訂制選用各類風格形式、模式和工具（包括數位工具），有效地溝通目的以及意見。

向度	證據有限	萌芽	發展	加速	精熟
意見和身份認同的表達旨在促進人文關懷	學習者無法察覺到自己的意見及其本身分認同，或者不知道這些與經驗、價值、文化以及趣向的關聯性。	學習者開始探索他們自身經驗、價值、文化以及趣向，並嘗試說出自己的意見和身分認同。學習者開始辨識多元的意見及他人身分認同。	學習者開始反思自己的身份、價值、文化以及趣向，並學習理解個人獨特的意見和身分如何影響他人。學習者開始在溝通當中包容多元的意見以及身分認同。	學習者能真實地表達自我；溝通時，能刻意想要改善他人的處境。學習者的溝通能真實接納那些可能被排除的意見及身分認同。	學習者能真實地表達自我，這會產生轉變性的能量，足以改善他人的處境或豐富那些富對他人的理解。學習者捍衛那些被排除的意見與身分認同。
數位利用	學習者偶爾會使用數位工具來進行溝通或呈現其所發現的結果。學習者使用科技，但並無助於團隊溝通，也無助於提升與受眾溝通的品質、普及度，及傳播速度。學習者在解釋溝通時有如何促進溝通感到困難。	在學習過程中，學習者能使用數位工具進行溝通，且／或能使用數位工具傳達關鍵訊息給給定的受眾。溝通也許更有效率、更快速或更為快速，但也許仍無法顯著改善溝通的品質。學習者可以清楚說明其所熟悉的數位工具促進溝通的方式。	在學習過程中，學習者能有效使用數位工具以改善溝通的效率及品質。為了增強想法的受眾對關鍵概念的理解與記憶，學習者運用科技為不同受眾量身訂製溝通方式。學習者開始探索、並反思新科技應用於溝通的成效。	學習者能使用其所熟悉或最新發展的科技，清楚說明數位工具如何促進他們的溝通。學習者能使用數位工具建立讓受眾銘記在心並引領他們採取行動的訊息。學習者常常會思考與反思數位工具促進溝通成效和普及度的方式。	學習者能選擇並使用適切且符合任務、兼顧受眾需求的多媒體數位平臺、工具與科技。學習者能使用工具深化團隊內部或團隊溝通的溝通效率、普及度、品質以反價值。學習者能清楚說明數位工具促進溝通的方式。

創造力深度學習進程

具有掌握經濟與社會契機的「創業眼光」、以獨特的方式表達自己、提出正確的探究問題以產生新穎的想法，並具備領導力去持續探究想法並將想法轉化為行動。

New Pedagogies for **Deep Learning** A GLOBAL PARTNERSHIP

向度	證據有限	萌芽	發展	加速	精熟
具備經濟和社會的創業精神	學習者尚未具備「創業眼光」，也不懂得察覺可以創造價值或滿足需求的經濟或社會機會。	在引導之下，學習者開始發展一種創業作為，用以探詢真實世界的需求、問題或機會，進而產生具有經濟與社會效益的解決方式。	透過實踐，學習者已經培養能辨識社會上可行的、有價值的解決方案，目能以促成社會效益與經濟效益的方式解決真實問題。學習者能辨識在生活中落實想法所需的資源。	學習者對於發現經濟上可行的、有價值的解決方案，具備強烈的動機。學習者可以清楚描述未來可能的樣貌，並找到方法以產出解決方案。將資源極大化，以產出能有深遠影響的解決方案。學習者的創業家精神體現在創新、冒險、願景與樂觀進取的態度。	學習者已經發展出實施變革的能力以解決真實世界的問題。學習者能檢視並整合促成改變發生所需的才能與資源。他們充滿動力地去質疑、想像新的未來，並採取行動改善生活與做出變革。
提出優質的探究性問題	學習者在產出足以激發深度探索議題或問題的重要提問上有困難。如果提問已經定義妥並提供給他們，學習者可能能夠設計一個探究的過程，但尚未達到可以獨立建立問題的程度。	學習者能腦力激盪產生探究性問題，以辨識並產真實、定義真實世界的問題。學習者也許需要引導（與教師共同建構提問），但是著得出來探究技巧開始萌芽。	學習者具備能夠辨識真實議題和問題的技能，能夠組織與精煉探究的良好提問。他們能依據已備好的探究歷程。	學習者已經穩固建立探究技巧及持續尋求理解的歷程；學習者能夠辨識真實、具挑戰性的議題，並能選擇有助於他們在真實世界中理解議題的探究過程。	學習者能選擇並定奪複雜的難題、疑問及好奇點，進而會引發更多的提問，思考反可能性。他們極積努力理解「大概念」，從各種重要的思考歷程及技能中抽取概念以支持探究。他們對定義與探究充議具備誠真的好奇心。
力求提出新穎的想法和解決方式	學習者的心智習性僅停留在尋找事先已確定或現行的解決方案，他們沒有需要想出有原創性的方式或設計，並測試其可行性。	學習者的思考侷限於對現有解決方的理解。透過提示、根據指引或提示進行調整，學習者能有所進步。學習者能用有限的思考與創意策略（例如腦力激盪）產出新的想法。	透過辨識與評估他人的想法，學習者挑戰自己的心智習性。學習者開始發展運用思考與創意策略的技巧。學習者的表達以反解決方案有助於改善現狀。	學習者能展現出質疑現狀的不同想法。學習者能熟練使用廣泛的思考及創意策略，以產出新的可能性。學習者主動追尋創新的想法、不為限制所阻礙。學習者的表達及解決方案帶來價值及原創性。	學習者是絕佳的觀察者，並能辨識新穎的想法與真實問題的解決方案。學習者能找出他們與創新想法之間的連結，這引發跨領域的全新應用方式。學習者能自信地表達且分享他們如何執行想法的獨特觀點。

（續下頁）

創造力深度學習進程

具有掌握經濟與社會契機的「創業眼光」，以獨特的方式表達自己，提出正確的探究問題以產生新穎的想法、並具備領導力去持續探究想法並將想法轉化為行動。

向度	證據有限	萌芽	發展	加速	精熟
能將想法化為行動的領導能力	學習者不太可具備能凝聚他人以實現願景的技巧與自信。	學習者開始發展一些領導技能，並能擔負某些特定部分的學習任務。	學習者開始發展以行動為導向的領導技能，以及知道如何管理他們的角色以協調與平衡不同的想法與立場。學習者能看見成功願景的樣貌，且知道讓具員體現實現的方式。	學習員具備強大的行動導向技能與樂觀進取的態度，他人對此也給予正向回應。學習者能運用自身優勢與想法進行組織與規劃。	學習者擅長挑戰現狀，且能引導他人一起創造深刻的變化。學習者具備以行動為導向的領導技能，及真正的勇氣來完成任務。學習者具備毅力和願景，從頭引領學習直到完成成果，並能面對途中所遭遇的障礙。
數位利用	學習者在創意發想過程或發表成果時能使用數位工具。這些工具並不一定能夠有效的提升歷程效能或創意創作品的品質。	學習者能使用數位工具來辨識並尋找探索有創意的想法。數位工具可讓創意過程更為快速或更具效能，但不大能顯著增加作品的價值。	學習者能用有創意的方式有效使用數位工具，以創作新的作品。學習者透過使用數位工具精緻化問題，進行探究及思考。學習者透過使用數位工具探索在地的機會，以創造新的知識。	學習者能用嶄新的方式使用數位工具，以設計、辨識、並解決新挑戰。學習者使用科技來強化並理解他們當下的提問或被問到的問題。學習者開始展開自己的觀點，並嘗試將想法應用於於真實世界的可能性。	學習者選擇並使用適切的數位平臺、工具、及科技來創作具原創性的作品，或重新調整現有的資源以改造或創新物件。學習者運用科技進行探究、界定及精緻化提問，讓想法的可能性發揮到最大。學習者運用科技來探尋新的機會、夥伴或是環境。

批判思考深度學習進程

批判性地評估資訊和論點、看見模式和連結、構建有意義的知識、並在真實世界中應用與評估。

向度	證據有限	萌芽	發展	加速	精熟
能評估資訊和論點	學習者能找到任何主題的相關資訊，但很難辨識特定論證中的前提、推論、假設和/或結論的缺陷。	學習者透過有效的資訊蒐集技能，開始學習如何評估論點假設、前提、推論及結論。	學習者能取得與評估值得信賴且具關聯性的資訊。學習者直覺性地辨識出優缺點，但尚未能清楚說明推論的過程。	學習者擅長確定資訊是否有用、值得信賴、或具關聯性。學習者能評估論證其優缺點並能解釋相左的觀點。學習者能理解相左的觀點。	學習者擅長依據邏輯與直覺信賴定資訊是否有用、或具相關性。學習者能純熟地評估論證，且能用清晰易懂和清楚建構說明優見的方式去辨識和員說明優缺點。學習者能參考相關資訊或運用資料為他們的立場進行辯護。
能產生連結並目辨識共同模式	當相對簡單的模式和連結被指出時，學習者就能辨識出來。學習者不太能理解學科之間的關聯性（即概念、學習歷程或課程領域彼此之間的關聯性）。	學習者開始發展查找、取得、探索的能力，以反思從多重來源、多方觀點及視野進行學習的能力：其目的是為了擴展思維、增進理解、連貫和實析能力。學習者開始能看著能模式並建立連結，能看著到整體而不僅是局部。	學習者能為正在學習的重要想法、主題、問題、議題、思考和學習經驗之間建立連結。學習者試圖橫跨人為的疆界建立一些連結，這些人為疆界包含：課堂、社區、文化、時間：過去、現在、未來；關鍵學習領域或學科等。	學習者能清楚說明辨識誤式的重要性，且能清楚說明要橫跨人為疆界建立連結的重要性，特別是在跨學科的部分。學習者知道這能反映並增強他們對於學習與世界運作方式的理解及其運作方式的理解。	學習者擅長預測及分析連結、模式和關聯性。學習者準備齊全、能從多元來源讀取資訊並在相互連結的全球化資訊中建立深度理解。
能生成有意義的知識建構	學習者可以消化並提取資訊，且可用自己的話重述資訊。學習者能夠回答直接的問題，但需要引導才能說明自己的想法。	學習者透過探索來判對某一主題的已知之事實相關之事開啟新的學習經驗，並以此作為新的知識建構新的知識。學習者的知識建構仍停留在表層（註釋很有限，且很少使用分析、綜整及評估）。	學習者能找到學習的路徑、活動、評估與建構既有知識及想法。學習者能詮釋與分析資訊，並使用這些資訊來建構有意義的新知識，但建構通常一次只能處理一個學科。	學習者清楚說明如何積極建構新穎且有用的知識。學習者能從不同的學科角度或視角及評估資訊來分析、綜整及評估資訊；也能在新、舊知識間建立意義的連結。	學習者具備強大的批判思考及推理技能，包含詮釋、分析、綜整及評估能力。學習者的知識建構有深度、多元視角，且明顯展現出扎實的實踐思維。

（續下表）

New Pedagogies for
Deep Learning™
A GLOBAL PARTNERSHIP

批判思考深度學習進程

批判性地評估資訊和論點、看見模式和連結、構建有意義的知識、並往真實世界中應用與評估。

向度	證據有限	萌芽	發展	加速	精熟
能在真實世界中對想法進行實驗、反思並採取行動	學習者傾向從自己的世界思考任務和解決方案，他們較難進行學習遷移或有更實的應用。學習者需要更明確的引導，幫助他們思考如何在真實世界中試驗他們的想法。	學習者開始發展基本技能的學習，包括嘗試驗不同的想法並尋找為有效的方法。在教師積極搭起思考應架的支持下，學習者開始學習思索如何將所學應用至真實世界。學習者開始將所學應用至不同的情境。	學習者正在培養應用邏輯和推論、做出結論的能力，以及設計行動方案、評估程序和結果的能力。學習者能針對新的特定情況／情境進行調整、延伸或容製化習得的知識，並將所學應用至真實世界的挑戰或情境。	學習者能參與實驗過程以發展初步計畫和原型、並在真實情境中進行測試。學習者能清楚說明將新知識適當地轉移或應用至真實新情境的重要性，以反思進一步分析還能在哪些地方反用何種方式應用新知識。	學習者能在日常中以創新且實用的方式來應用所學。學習者能反思學習歷程，必要時進行調整；且能根據他們的發現，有效地將知識遷移至新的情境，並採取引發改變的行動。學習者大致發展出一些流程，能有效辨識及評估將知識應用至新情境的創新點子。
數位利用	學習者尚無法使用數位工具來幫助產出重要問題、或建構應新知識、或建立連結，或發展共同思考的方式，或將學習應用到新的情境。	學習者開始使用使用數位工具來產出問題、發現模式，開始將其作為發展共同思考的工具。學習者開始能在概念間建立連結並開始深化批判思考技能。	學習者能使用數位工具來產出問題、發現模式，將其作為發展共同思考的工具。學習者能在概念間建立連結並開始深化批判思考技能。	學習者能有效使用數位工具；產出重要的探究軸線、探索跨多個學科的主題、辨識模式與連結方式，且深化批判思考技能。學習者能將數位媒介作為工具，進行共同思考且找到新知識有機會得以應用。	學習者能選擇並使用適當的數位平台、工具以及科技加深他們的評價性思考（evaluative thinking）的品質與價值。學習者能定錨、組織並展示數位資訊及資源。學習者能夠使用數位工具、橫跨多元情境脈絡、辨識模式並進行連結。學習者能詳細且清楚說明每項數位工具如何增進他們批判思考的能力、並將這樣的理解應用至新的、不同的真實世界情境。

New Pedagogies for
Deep Learning
A GLOBAL PARTNERSHIP

工具：學生版學習進程

品格學生版深度學習進程

學習如何深度學習，持續努力，以能具備正直、同理與惻隱之心。

向度	證據有限	萌芽	發展	加速	精熟
對於人生和學習如何學會採取積極度的態度	我不清楚自己要學什麼、還有為什麼要我學。我能完成教師交代的任務，但需要一些協助才能反思和理解我做的如何。學習對我來說還不是一個正向的體驗。	在協助之下，我知道什麼、以及為什麼要學習，以及為什麼要學習。在協助下，我能挑選主題並找到所需的資訊。我開始將學習視為學習跟改善的機會。我想我能夠學習成功。	我能描述自己對什麼有興趣、我知道什麼、我需要學習什麼，以及為什麼需要學習。我能挑選主題，並發想／設計能幫助學習的計畫。我能聆聽同儕和教師的回饋，並視為學習，並善用它來改善我的學習的方式。學習是一個正向的經驗，並能帶來成就感反成功的感覺。	我理解我需要學習什麼，並擅長找到學習的方法。在學習時，我能反思自己的進展並尋求回饋以改善學習。我使用我所學到的東西未來的計畫。我喜歡學習，並將其視為改善人生的方法。我試著在工作與玩樂間達成平衡。	我能有技巧找到並建立自己的學習機會。我能持續地建構知識與技能，以幫助自己在人生中成功。我能創造出對我的人生及世界具有意義的解決方案。我積極地尋求回饋，並利用它來更加了解我的學習狀況並能幫助我的成長。即使我面對挑戰性的各種機會，我能在學習與玩樂間達成平衡。
具備勇氣、堅持、毅力、和修復力	我在面對突如其來的挑戰或在得到負面回饋時，容易放棄。當任務或經驗太艱難時，我無法逐步解決挑戰或找到解答。	我需要很多的支持來處理挫折、負面回饋和困難的挑戰。我開始能逐步解決挑戰，但仍需要支持及鼓勵，好讓我不要放棄。	我開始學習堅持不懈，即使面對具挑戰性的任務，也不會放棄。重大的挫折或難題可能使我脫離正軌，但藉會讓我停下腳步、調整，由暫停腳步、反思、調整和找到新的解答，我能處理小型或中度的挑戰。	我堅持不懈，即使在處理最有挑戰性的任務時，也從不放棄。在面對重大的挫折或負面回饋時，我會停下腳步、反思、調整，以找到解答。我理解並能逐步討論為何品格的特質對人生很重要。	我的勇氣、毅力和修復力讓我能逐步解決任何挑戰或挫折，且能幫助別人做同樣的事。我尋求回饋並善用它來幫助學習。我理解品格特質對於創造我人生及世界有意義的改變，是必須的。

（續下表）

New Pedagogies for Deep Learning™
A GLOBAL PARTNERSHIP

品格學生版深度學習進程

學習如何深度學習，持續努力，以能具備正直、同理與惻隱之心。

向度	證據有限	萌芽	發展	加速	精熟
表現同理、惻隱之心和正直的行為	和其他人互動，或者聽到世界上所發生的事情時，我無法確定他人可能有的感受。	我開始能站在別人的角度思考。有時候能夠理解他們的經驗是什麼。	即使我自己沒有經歷過這些事情，我越來越能設想其他人是如何感知和體驗這個世界。 我想要勇敢地做對的事情——無論在班上或是班級以外。 為了要成為一個更好的人，我想要發展同理、惻隱之心和正直。	我經常反思自己還能如何對他人更為同理和更具惻隱之心。這才是我負責正直的學習目標。 我努力地在班上以反班級以外都要能夠勇敢。	即使在沒有人注意或對我不利時，我仍能展現出同理、惻隱之心以及正直。 對我來說，像是真誠、公平、值得信賴及勇敢這樣的品行很重要，這也是我希望別人怎麼描述我以反我的行為。
數位利用	我在學習過程中使用數位工具，但不知道它是如何協助學習。	我有時候會使用數位工具來協助學習。開始使用數位工具來發展同理、惻隱之心和勇氣。	我經常使用數位工具來協助學習。理解數位工具可以如何深化同理、惻隱之心以及像是這樣的特質。	我知道目前能夠說出數位工具如何幫助學習、反思、並發展像是同理、惻隱之心和勇氣這些特質的方式。	我能夠輕鬆地使用科技來幫助所有的學習。 我使用數位工具，透過鼓勵及提供回饋來協助他人學習。

公民素養學生版深度學習進程

以全球公民的角度公民的角度思考，用同理、惻隱之心來思考全球議題。

向度	證據有限	萌芽	發展	加速	精熟
員有全球視野	我只關心自己的人生，不關心我的社區或國家發生的事情。	我開始探索並發展對在地及全球議題的興趣。我能從不同的觀點思考這些議題，並試著理解人們帶著不同觀點看待這些議題的原因，以及這些不同點為何為重要的原因。	我積極參與世界，並對世界的問題及挑戰感到興趣。我開始理解，在世界某一角落發生的事情會影響到世界上其他地方。我知道不公不義的存在，而我想要幫助改善他人的生活及世界。	無論以個人或團體的方式，我都能思考影響世界的議題並採取行動。我能理解我居住在一個全球化、相互連結的世界，且要在每天生活中懷抱這樣的觀點是非常重要。我知道每個人都應該參與，以讓世界變得更美好。	我能運用全球公民的身分進行思考並行動。我相信人們可以改變這個世界，而我努力在我的社區及其以外的地方，讓改變成真。
為了多元價值與世界觀，透過同理和惻隱之心致力於人類平等與福祉	我從自己的視角看這個世界，我無法理解不同的人及他們的觀點。	在協助之下，我開始理解我自己的文化以及其他文化的不同之處。	我開始理解到生地和養育我的方式會影響我是誰，及我如何看待世界。在協助之下，我開始學習理解其他人的經驗可能是什麼，並尊重其他文化的價值及世界觀。	我真心的關心這個世界及生活在其中的每一個人。我對不同的文化和世界觀感到好奇，對自我有高度的理解。即使我不認識他們，我關心全世界人的嗣助。	我對自身和其他文化的高度理解，幫助我用不同觀點增進對全球議題的理解。當我為他人（無法為他自己）發聲，我開始協助讓這個世界變得更好。
對於人類和環境的永續抱持真誠的志趣	我沒有強烈意識到不關切跟環境相關的議題。	我承認每個人的行動都會對環境產生重大影響。在協助之下，我可以想到一些對地球和其他人類有益的想法。我開始在社區與地方看見可改變的機會。	我能理解照顧地球這件事對人類自身的生存來說很重要。我所想出的解答，有將環境及人類所面對的威脅列入考慮。	我能理解並珍視環境對於人類生命及生存的重要性。我關切環境議題，並能想出可以影響地球及住民永續發展的解決方案。	我高度理解環境議題及其重要性，我對這些議題的理解反對環境的關切，讓我能採取創新的行動，以產生正面且持久的影響。

（續下表）

公民素養學生版深度學習進程
以全球公民的角度思考，用同理、惻隱之心來思考全球議題。

New Pedagogies for **Deep Learning** A GLOBAL PARTNERSHIP

向度	證據有限	萌芽	發展	加速	精熟
為了造福人類，解決真實世界中棘手且複雜的問題	我對於處理世界議題、挑戰或危機感到不安。我偏好處理的任務，是有明確的解答，且找到解答的步驟也很明確。	在引導之下，我開始對處理沒有設定好解答的真實世界挑戰感到安心。	我在開始任務時需要一些協助，對處理開放性的真實世界問題感到安心。	我對處理會影響到自己社區及真實世界的挑戰感到有興趣也感到安心。我對沒有設定好解答的任務感到安心。	我具備技巧及興趣來處理開放性、未經結構設計的真實任務。我對想提出可以檢視複雜議題的新方法，且不需要有預設好的方法，感到安心。
數位利用	我尚未使用科技對相關議題做相關的學習。	我能使用科技和他人產生連結，並理解他們的背景脈絡。我開始學習數位公民素養：在使用科技時，能經常以相互尊重的方式進行溝通。	我能使用科技來改善對在地、全球、文化、和環境議題的理解。科技讓我能想出符合多元化受眾的解答，同時促進永續性及社會正義。當我使用科技進行溝通時，我尊重法律、數位禮儀，即使不認識，也能重視他們的感受。	我能描述科技是如何改善對全球、文化、環境、及文化的理解。科技讓我能想出有關聯性、合理的、公平的、和永續的解答，以造福人類和地球。我能展現數位公民素養的技能。	我能輕而易舉地使用科技來改善我對全球、環境、反文化的理解。我能夠轉化並應用這些理解至新的挑戰或情境。我能清楚描述科技如何強化我的思考及對全球挑戰的解答，以實現公平、正義、和永續。我鼓勵其他人成為好的數位公民。

New Pedagogies for
Deep Learning™
A GLOBAL PARTNERSHIP

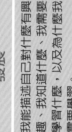

協作 學生版深度學習進程

能相互依存，並與他人共同合作、共同做出重要的決策、從他人學習，也促進他人的學習。

(續下表)

向度	證據有限	萌芽	發展	加速	精熟
團隊以相互依存的方式進行工作	我也許能協助任務，在處理團隊任務時，我通常獨立工作而非與團隊一起合作。我會跟團隊討論一些工作，但無法討論太多重要的決策。	在協助之下，我能確認我知道什麼、我需要學習什麼，以及為什麼。在協助下，我能挑選主題並找到需要的資訊。我開始將學習視為學習跟改善的機會。我想我能夠學習，而後成功。	我能描述自己對什麼有興趣、我知道什麼、我需要學習什麼，以及為什麼我需要學習。我能挑選主題，並發想／設計能幫助我學習的計畫。我能聆聽同儕和教師的回饋，並善用它來改善我學習的方式。學習是一個正向的經驗，並能帶來成就及成功的感覺。	我理解我需要學習什麼並擅長找到學習的方法。我能反思學習時，我能反思自己的進展並尋求回饋以改善學習。我使用我所學到的東西來幫助改善現在和未來的計畫。我喜歡學習，並將其視為改善人生的方法。我試著在工作與生活玩樂間達成平衡。	我能有技巧去找到並建立自己的學習機會。我能持續地建構知識與技能，以幫助自己在人生中成功。我能創造出對我的人生及世界具有意義的解決方案。我能積極地尋求回饋，並利用它能幫助我的成長。了解我的學習狀況並戰略性地面對任務，我仍能尋求挑戰新事物的各種機會。我能在學習與玩樂間達成平衡。
具備人際關係及與團隊合作的技能	我也許能協助任務，或在任務中與他人合作，但通常不知道如何要合作，或開始合作的最佳方法。	當以團隊方式運作時，我能意識到我們正在努力達成共同目標或解決關鍵的團隊決策通常是由一或兩個成員來決定，而非整個團體。	我能與他人有良好的合作，而團隊正努力讓我們的學習更加成功。我能聆聽我的團隊成員，並與其討論；我們能同意計畫內容及預期的成果。	我能理解團目清楚地說出團隊成員是如何進行合作並產出最好的成果。我能與其他人合作以解決衝突，並達成團隊目標。我是非常好的聆聽者，且能確保在合作裡，每個人的意見都有被聽到並受到尊重。	我能與團隊中的其他成員合作，確保我們協作的過程盡責有效。我能確保每個人的想法、知識、和能力都有被聽到並受到重視。我能確保我們的作品產出，儘可能是最好。

New Pedagogies for
Deep Learning
A GLOBAL PARTNERSHIP

協作學生版深度學習進程

能相互依存，並與他人共同合作、共同做出重要的決策、從他人學習，也促進進他人的學習。

向度	證據有限	萌芽	發展	加速	精熟
具備社交、情緒及語文化的技能	我開始看著到我的行為對他人產生重大影響，但要從別人的觀點來看事情仍有困難。	我開始比較理解自我及對他人是否有興趣。我看著到我的行為是如何影響他人，且知道人們可能跟我有不同的感受和意見。	我能理解自己是一個怎樣的人、及我為何會有自己觀點的原因。我能聆聽並理解其他人的觀點，即使這些觀點與我不同，我仍能重視他們的觀點。	我能充分理解自我。我完全理解自己的觀點，知道這些觀點為何以及如何與他人不同。我能聆聽情緒及他人的觀點，並善用這些來增進自己的學習。在團隊中，我懂得如何幫助自己成長，藉此成長也讓我知道如何幫助團隊成員成長。	我的社交和情緒技巧能展現出我對自目標。我和自身文化有強烈的感知。我能禮貌地與每個人溝通、並與團隊成員形成正向關係。我能理解他人的觀點，且能夠在聆聽他人後，改變自己的行為。
管理團體動能和因應挑戰	當以團隊方式運作時，我對於聆聽或接受跟自己不同的觀點，是有困難的；或者，我會藉由不分享自己的想法來避免衝突。這對我的團隊和我們的工作造成負面影響。	我在形成與團隊成員的正向關係時，需要協助。藉由聆聽其他人的觀點，我開始向學習處理不一致的意見，但對解決我們的歧異仍有困難。	身為團隊成員時，我通常能運作得很好，但有時候在解決問題和挑戰時仍需要協助。我能禮貌地分享自己的觀點，且學習他人的觀點。我開始理解為什麼人們會以那樣的方式來看待事情。	我能理解自己他人的觀點，並知道哪些部分成我們的共同信念。我能分享自己的觀點，聆聽並學習他人的觀點，且沒有延誤團隊的進度。	我確實理解自己與他人的觀點，能清楚表達自己的觀點，並能持續且一致地向他人學習。我能尊重團隊成員的意見，並以此方式幫助我們成長、並達成共同的目標。
數位利用	我能使用一些科技與他人協作。	我能使用科技與他人合作，並檢視我們團隊的效能。	我能使用科技與他人協作。科技的使用能幫助我理解並欣賞他人的觀點。	我能清楚說出科技如何改善我們的合作、我們責任的分攤、以及在面對任務的重要層面時，如何改善我們決策的過程。	我能輕而易舉地使用科技進行有效的協作、用新的且更深入的方法工作並思考。科技讓我的工作能符合我的需求，科技讓所有團隊成員都能對共同任務做出重要貢獻。

New Pedagogies for
Deep Learning
A GLOBAL PARTNERSHIP

溝通學生版深度學習進程

為了特定受眾以各種方式進行清楚的溝通。

向度	證據有限	萌芽	發展	加速	精熟 
溝通的設計有考量到受眾及其影響	不論是談話或寫作，我難以清楚表達自己。我依賴教師的指導及範例／示範。	我開始理解不同的溝通方式。我需要協助才能呈現出自己的想法，好讓他人能夠理解。	我在分享自己的想法時，他人能夠清楚理解。我能選擇適合的溝通形式，讓訊息能傳遞出去。我能使用一種以上的方式來連結與溝通一個以上的想法。	我能知道不同溝通形式之間的差異，與其各自具備的優勢。我能使用不同的工具及歷程，並變化多種方式來清楚地表達自己。我選擇溝通方式能讓他人理解我的表達。	我會視情況用不同的方式進行表達，且能清楚說明為什麼選擇這種方式來表達我自己。我的溝通很清楚，這使得受眾容易了解我想要表達的內容。
訊息足以倡導目標且產生影響	我能用我感到舒服的方式進行溝通，但對我的受眾來說並不見得都有道理。	我開始思考誰有需要聽懂我的訊息。我需要協助，以確定我選擇的溝通方式是適合的目是有幫助的。我開始能察覺我可以使用不同的方式來表達自己。	我能理解我溝通的方式應考量到不同類型的受眾。我知道一些對特定受眾有效的溝通方式。我的溝通方式能連結到受眾，他們因而能理解我的想法。我的訊息還無法鼓勵我的受眾採取行動。	在設計溝通之前，我會思考並研究受眾的需求。我能理解受眾會因生活經驗的不同，而對訊息有不同的解讀。我知道如何設計和受眾相關且能為他們增加價值的溝通。我的訊息很清楚，但無法啟發他人採取行動。	我的溝通方式能讓受眾感到興奮並激發他們關切這些訊息。我能運用我的知識及直覺來架構既定的思考、知識或感受。我知道如何創造出能深植在受眾腦海中的訊息，且能改變他們思考與行動的方式。

（續下表）

New Pedagogies for **Deep Learning** A GLOBAL PARTNERSHIP

溝通學生版深度學習進程

為了特定受眾以各種方式進行清楚的溝通。

向度	證據有限	萌芽	發展	加速	精熟
反思能促進發展及改善溝通	和他人溝通時，我對於如何將訊息完整傳遞出去沒有太多思考。我會思考別人給的建議，但不會要求他人給予回饋。	我開始理解溝通的方式有其重要性，且清楚的溝通促進更好的合作。在協助下，我開始思考如何根據經驗來改善的溝通。我使用檢核清單和評量規準來幫助我的反思。	我開始在每項任務都能監控、管理並改善溝通。我看著到這樣的做法可以產生更好的溝通及成果。	我定期地尋求回饋。我也能反思以改善溝通。我能採納多種不同觀點以進行調整、修訂、反改善，必要時我甚至對最初的作品（想法、任務）作大幅度的修改。	我知道自己進行溝通的方式，能檢視目能快速地對溝通方式做出調整。我能尋求動機會改進我的溝通方式，且將回饋視為成長的契機。我能檢視可能會限制我能力發展的個人偏見或其他障礙。我能與我所設定的受眾群建立連結並進行溝通。
意見和身分的表達旨在促進人文關懷	我不確定如何將我的溝通方式和我找是誰連結起來。	我開始理解我是獨特的。我的文化及背景會形塑我是誰及我的溝通方式。開始在其他人身上也看見同樣的狀況。	和他人溝通時，我受到自身文化、背景以及同儕的獨特影響而行溝通。我在溝通時，開始將他人不同的意見和身份認同列入考慮。	我能經常真誠地表達自我，並願意為引發改變而進行溝通。我在溝通時，能考應那些常被忽略的意見及其所代表的身分。	我在溝通時，能表達員實自我。我在溝通時，會對他人產生影響並帶來正向改變。我會捍衛那些常被忽略的意見及其代表的身分。
數位利用	我有時能利用科技和我的團隊成員進行溝通，但我不知道讓溝通變得更好。利用科技讓溝通變得更好。	我能使用科技作為溝通工具，傳達正在學習的內容或提供關鍵訊息。科技或許讓我可以接觸新的受眾。	我能使用科技進行有效率的溝通。科技讓我能創造高品質的成果並傳達清楚的訊息。為了讓每位受眾都能了解用科技，針對不同受眾調整我的表達與呈現方式。	我能說明科技如何改善我的溝通方式並幫助學習。科技讓我能使用容易被記住的方式進行溝通，並激勵人們採取行動。	我能輕而易舉地使用科技提升工作效率、創造高品質的成果，以及和他人進行有效溝通。我能清楚說明科技如何影響我的溝通，能力及其如何運用新的科技。我能自在地運用新科技，和他人進行有效的溝通。

New Pedagogies for Deep Learning
A GLOBAL PARTNERSHIP

創造力學生版深度學習進程
可以看見並且利用機會去創造新的想法或產品並領導他人。

向度	證據有限	萌芽	發展	加速	精熟
具備經濟和社會的創業精神 可以看到且利用機會去創新並領導他人。	我很難注意到什麼時候有機會可以為他人的需求進行創新。	在協助之下，我開始學習把問題或需求看成是挑戰自己及創造價值的機會。	我能找到幫助他人解決真實世界問題的機會。我能和他人分享我的想法，並組織團隊，將想法付諸實踐。	我樂於尋求並且解決真實世界的問題。我知道我能如何讓事情變得更好。我擅長與人一起合作產出解決方案。我是一個具有創新、冒險精神與樂觀態度值的人。	我可以發現其他人無法發現的機會。我可以為真實世界的問題產出解決方案，並能想像並描述更美好的未來；在其中，生活變得更美好且世界已經發生改變。我可以與他人分享我的想法，並邀請他們參加我的團隊，一同實現我們的願景。我能促成事情的改變。
提出優質的探究性問題	我可能對某個主題有興趣但不確定如何進行探索。我需要協助，才能知道如何找到更進一步的資訊，以及該查找的資料是什麼。	在協助之下，我開始學習針對我有興趣的主題提出相關的提問。	我能辨識與真實生活的議題或挑戰以進行探究。我仍需要協助以設計出探究或問題解決的過程。	我能辨識真實世界、具爭議性的議題，且能清楚解釋目前的挑戰。我能從不同的角度理解這個議題，且能提出重要問題以幫助設計解決方案。	我擅長界定問題，且提問的可能性啟思考及不同可能性。透過使用可信賴的思考流程出並探究「大概念」。我充滿好奇，也相信事情不會是「一成不變」，我能以挑戰當下既存的事物並使它變得更好。
力求提出新穎的想法和解決方式	當我面對挑戰時，我會尋找他人用過去解決挑戰的工具。若手邊的解決方案不錯，我會直接使用，不考慮其他的點子。	當我面對挑戰時，我會搜尋過去有使用過的不同解決方案。在協助之下，我嘗試調整這些解決方案，以符合我的目標。我知道並能使用一些策略，幫助我以新穎的方式進行工作或思考。	當我面對挑戰時，我能設想並創造新的解決方案或想法。我組織創新想法的方式能幫助我產出更有可具前瞻性的點子。我常常使用「如果……會以怎麼樣」的思考方式，以創造新的解決方案或為既存的想法增加價值。	當我面對挑戰時，我能思考過去的解決方案為何有效以及如何產生效果，並思考我能如何讓它們變得更好。我能鼓勵並考量他人的意見，在不同觀點中尋求創新的機會。我很樂意嘗試冒險，時常試驗風險。我能確保我的解決方案對議題處理有所幫助且能為其增添價值。	當我面對挑戰時，我不只能想出「改變全局」的解決方案，且知道如何利用計畫以及使用正確的資源促成事情發生。我能將問題轉變成機會，同的觀點發展解決方案。我能挑脫框架思考，而我的解決方案能真正改變人們的生活。

創造力學生版深度學習進程

可以看見並且利用機會去創造新的想法或產品並領導他人。

向度	證據有限	萌芽	發展	加速	精熟
能將想法化為行動的領導能力	我有想法，但是還沒準備好和他人分享這些想法，也無法結合眾人的力量將想法付諸實踐。	我開始變成一個比較有自信的領導者。我願意和他人分享我的某些想法。我開始成為某些任務承擔部分責任。	我能辨識自己和他人的優勢，並且知道如何匯聚不同的優勢，以共同完成某些成果。我知道為了成功達成目標，必須促進合作與做出妥協。	我能辨識並會使用團隊成員的不同技能及其志趣，以達成共同目標。我能激勵他人在共同的創作過程中採取主動角色。我能發展技能及對他人的理解。團隊成員能尊重我與他們合作的方式。	作為一個領導者，我有恆毅力且能與他人分享我的積極態度。我能解決問題，且能啟發他人也這麼做。我知道我需要做什麼來創造成功的改變，也知道如何將此傳達給我的團隊。
數位利用	我能運用一些科技來產出成果或發展現我的想法。	科技讓我能有效率且有效地辨識、探究、和實行我的想法。	我能運用科技來進行創新、支持並改良新的想法或成果。我能運用科技使我的提問、探詢、思考更為精煉，並且創造新的知識或成果。	我能用創新的方式、以科技進行設計、並解決真實世界的問題。也能使用科技來改善和理解其他正在探究的問題或其他被問到的問題。我能運用科技去思考如何將我的想法應用在真實世界中。	我能輕而易舉地運用科技發展新穎且有創意的想法，將其融入至成果或過程中，以影響真實世界。我能開發新的夥伴，找到新的夥伴，並擴展我的學習。並能發現新的場域，以擴展我的學習。

批判思考學生版深度學習進程

評估資訊和論點、看見模式和連結、構建有意義的知識、並將其應用於真實世界。

向度	證據有限	萌芽	發展	加速	精熟
能評估資訊和論點	針對某個主題，我可以使用電腦或透過詢問大人找到資訊的可信度或實用性，但難以判斷資訊的可信度或實用性。我能複製或分享我所發現或聽說的資訊，但沒有仔細地思考也沒有試著改善它。	我通常可以找到我需要的資訊。我開始判斷資訊的可信度、相關性和實用性。我不同意某些論點，或某些論點對我來說並不合理，但我很難解釋為何或該怎樣試著改善它。	我能容易地找到並評估資訊。我能分辨論點的好壞，且開始能夠解釋為什麼某個論點不合理。	我能熟練地找到並且評估資訊。我能解釋我如何評估資訊，但或許無法每次都呈現出對資訊或論點的正確理解。	我能分析不同的資訊來源並評論為何選用這些資料。我能清楚理解資訊是否具有信度、相關性和實用性，且能向他人解釋我的想法。我只會選擇我認為是正確、清楚的資訊，並為我正在嘗試論證或所做的事情增加價值。
能產生連結並且辨認不同模式	我能理解當我學習某件事時，資訊和想法彼此可相互連結（有相關）。我在獨自建立這些連結時遭遇困難。	我開始理解我可以使用許多不同的方式來查找、取得和探索資訊，我開始將目前的學習和已知的知識連接。在協助之下，我能建立連結並擴展我的學習。	我能針對某個主題連結我所知和所學，並擴展對其的理解。我能建立一些較為困難的連結，例如跨班級、跨文化、跨年代，甚至跨多個關鍵學習領域。	我能理解要從不同的視角審視主題或任務，是學習中重要的一環。我能在科目/領域進行科際或跨科/領域的連結。	我能熟練地建立連結、辨識模式、以及看見彼此的關聯性。我能使用我所看見的連結，來深度理解一個大小主題。我理解這個世界的資訊充滿著相互低觸的資訊，但我能決定哪個資訊最為相關並且實用。
能生成有意義的知識建構	我可以找到和主題相關的資訊，但很難以有意義地解讀資訊。我能理解我所看到的資訊，但沒法在思考如何強化它。	我開始能探索我的所知並用它作為新學習的起始點。我試著強化我所看見或聽見的資訊，但沒有使用證據來支持我的想法。	我能使用一些策略來找出並創造新的知識與想法。我能評估資訊並用這些資訊回答課堂上的問題，但通常無法在不同科目/領域間建立連結。	我能以新穎題目令人興奮的方式思考主題並且能解釋新知識為什麼是有的見解。我能做有意義的連結到我的生活清楚知道它們對我學習以及我為什麼是重要的。	我能分析、詮釋、綜整、反評估資訊。我擅長從不同視角審視同一個主題，並提供我自己的見解。我能反思與評估我學得如何以及我學到什麼、同時能改善自己的學習成果。

（續下表）

批判思考學生版深度學習進程

評估資訊和論點、看見模式和連結、構建有意義的知識，並將其應用於真實世界。

向度	證據有限	萌芽	發展	加速	精熟
能在真實世界中對想法進行實驗、反思並採取行動	我能理解任務，但通常無法將任務連結到實驗，也無法連結到什麼東西對我才是重要的。有時候在協助之下，我能運用不同但有相關的方式來測試我的想法。	我開始學習如何試驗不同的想法、並想出對特定任務來說是最有效的。在協助之下，我能理解可以如何運用所學到不同的科目、課堂、甚至校外的學習。	我能思考自身想法的影響力、並設計新的行動進程來改善成果。我能運用某項任務的所學、來解決新的或不同任務的問題。我能運用課堂所學到的技巧、來解決我在生活中以及世界上的問題。	我能在多元情境中測試並評估我的解決方案、試圖找到什麼是最有效的解決方案。我能反思任務、並解釋它如以成功、以反如何將所學應用至不同的情境。	我能在日常的不同情境中應用所學、必要時進行調整或遷移我的知識。我能知道如何評估想法的可能性、能成功地應用的可能性。
數位利用	我難以運用科技輔助學習或連結我與他人的想法。	我能運用科技，將其作為產生提問、建立連結與發展想法的工具。	我能運用科技來產出並探索重要的想法。我能運用科技和他人建立連結並探索應用新知識的方式。	我能運用各種科技來評估、產出和探索那些新穎且不熟悉的概念及論點。	我能輕而易舉地運用科技輔助我思辨議題、並能和他人一同分享和發展批判思考。我能清楚說明科技如何增強我批判思考的能力。在新的情境中、我能運用科技、將具作為思考與提升工作效能的工具。

 證據有限　 萌芽　 發展　加速　精熟

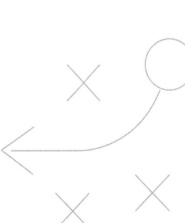

工具
學生自我評量工具

姓名 [　　　　] 年級 [　　] 日期 [　　]

| 全球素養名稱 | 素養的定義 |

向度
- □證據有限
- □萌芽
- □發展
- □加速
- □精熟

有哪些證據證明你在這個階段？

向度
- □證據有限
- □萌芽
- □發展
- □加速
- □精熟

有哪些證據證明你在這個階段？

向度
- □證據有限
- □萌芽
- □發展
- □加速
- □精熟

有哪些證據證明你在這個階段？

向度
- □證據有限
- □萌芽
- □發展
- □加速
- □精熟

有哪些證據證明你在這個階段？

向度
- □證據有限
- □萌芽
- □發展
- □加速
- □精熟

有哪些證據證明你在這個階段？

未來重點

這個評估建議我現在應該將注意力集中於

我可以採取……方式來完成

工具
學生自我評量範例

| 姓名 | Josh Maisten | 年級 | 6 | 日期 | 7/24/18 |

協 作   能相互依存，並與他人共同合作、共同做出重要的決策、從他人學習，也促進他人的學習。

團隊以相互依存的方式進行工作

- ☐ 證據有限
- ☑ 萌芽
- ☐ 發展
- ☐ 加速
- ☐ 精熟

有哪些證據證明你在這個階段？

我們計畫中的決策，大多數由我和＊＊＊決定，這是因為是我們需要準時完成工作，但小組中有些人並不知道重點在哪裡。

具備人際關係及與團隊合作的技能

- ☐ 證據有限
- ☑ 萌芽
- ☐ 發展
- ☐ 加速
- ☐ 精熟

有哪些證據證明你在這個階段？

我們確實關心共同的工作品質並且有協助彼此以有效地工作，但我和＊＊＊必需指揮其他人做好他們份內工作，所以我們並沒有主動感受到共享責任。

具備社交、情緒及跨文化的技能

- ☐ 證據有限
- ☑ 萌芽
- ☐ 發展
- ☐ 加速
- ☐ 精熟

有哪些證據證明你在這個階段？

要能讓他人發言，耐心等候輪到我的時候，並且要思考我發言的內容。我知道我的話語和行為會讓其他人覺得不舒服。

管理團體動能和因應挑戰

- ☐ 證據有限
- ☐ 萌芽
- ☐ 發展
- ☐ 加速
- ☐ 精熟

有哪些證據證明你在這個階段？

數位利用

- ☐ 證據有限
- ☐ 萌芽
- ☑ 發展
- ☐ 加速
- ☐ 精熟

有哪些證據證明你在這個階段？

當我在團隊中與他人一起工作時，我會思考我的語言和行為，但我並非總是能聆聽他人。我可以不自我、不驟下評斷，但並非總是是使用適當的語言來協助他人和團隊。

未來重點

這個評估建議我現在應該將注意力集中於

要更努力去做有效的聆聽、做協商並對工作目標、內容、過程、設計和結果達成共識。確保團隊中的每個人都能有所貢獻，且對最後的成品有功。

我可以採取……方式來完成

當他人發言或討論計畫時，我會停下手邊的事情。為每個團員列工作清單並確保每個人都能做出貢獻。個人也好，團隊也行，我們可以開始使用線上文件來確認進度。

深度學習的旅程就是這樣，
不會只有一條路徑。

——《深度學習：參與世界改變世界》

第四部

設計深度學習

" 這些要素刻意引導教師、學生和家庭建立新的關係，並使用數位來促進和擴大學習。"

—— 《深度學習：參與世界改變世界》

第八章
深度學習設計

在第五章，我們介紹了學習設計四要素：學習夥伴關係、學習環境、教學實踐、還有數位利用。我們了解到它們是如何相互融合，以增進對話，同時提供組織工具來設計能促進全球素養發展的學習經驗。四要素有真正的驅動力，給不願意投入的人快速的一擊——但我們要如何讓他們願意開始參與呢？在這個章節中，我們會專注在學習設計：它的關鍵要素、如何開始、如何發展出可調整與能回應的教學計畫。我們也會介紹學習設計評量規準，檢視它如何深化對優質學習設計的理解。在這之前，有一些先備知識是我們在一開始需要處理的，那就是：教師們從其他老師的範例、見解及付出當中能學到最多的東西。

在本章，教師們有機會透過短文、影片、案例研究和學習模板來反思其他教師的作品。這些具體又清晰的範例鼓舞人心、具啟發性，且給人信心。最重要的是，教師在這些範例中能看到自己；了解到自己正走在深度學習的這條道路上會讓教師們安心，並促使他們繼續學習。

學習設計：關鍵要素

我們眼前的學生就應該得到我們所有的注意力。身為專業教師，我們需要非常了解他們。他們的興趣是什麼？優勢是什麼？還有學習需求是什麼？他們彼此間如何合作？他們對什麼感到好奇？他們如何處理學習、失敗和挑戰？什麼樣的模式正在浮現？學生如何回應提示、評量、還有策略？我們對他們的了解程度會影響我們教導他們的方式。學生能察覺到老師對他們的了解，因此覺得獲得支持、具備信心且能投入學習。如果我們非常

了解學生，就會改變立場，看到學生真正的潛力，會看到學生真正的潛力。借用 Stuart Shanker 說過的話：「用不一樣的眼光看孩子就會看到一個不同的孩子。」

令人難過的是，有些教師在九月新學年開始時，就只是打開教科書，從第一頁開始照本宣科；在他們眼前的學生就只是來來去去的觀眾。像這樣的教師非常依賴教科書，倉促地度過一個學期，只希望能在學期結束前上完教科書的最後一頁，好讓他們完成績單上的評分。我們鼓勵這樣的教師用逆向設計翻轉這樣的思考。

逆向設計

逆向設計有三個關鍵的步驟，如圖 8.1 所描述。

圖 8.1 逆向設計

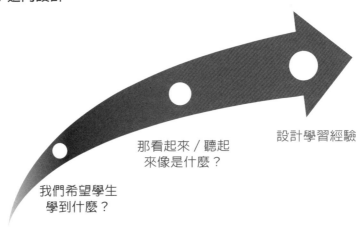

設計學習經驗

那看起來／聽起
來像是什麼？

我們希望學生
學到什麼？

階段一

以學生為始，了解你的學生是誰，以及他們在這一年／這一學期結束時需要學會的事情是什麼，這些會鼓勵我們好好審視課程（教科書並不是課程），也會清楚說明這個課程對學生學習和學習成果的期待；同時，也要檢視全球素養。有些人一開始時會擔心，除了全球素養，還要處理整體課程的期待，這會加重工作的負荷，但事實上並非如此。一般來說，全球素養呼應且符合現行的課程。我們在這裡可以做些對照；我們鼓勵教師團隊拿出螢光筆，標註課綱中所說的動詞，然後將這些動詞跟深度學習的成

果做比較，你會發現全球素養很有可能就藏在這些地方（當你在檢視課綱時，找找像是照本宣科或背誦這樣的字。也許在課綱裡頭你根本找不到這些低階的字，但它們已經主導我們的教學實踐很長的一段時間。）這兩個關鍵問題──我們的學生是誰？我們希望學生學到什麼？──代表了深度學習設計的起始點。

在這個階段，將課程期待和全球素養作結合，並融入課堂的做法尚未就緒，這需要教師（最好由一群教師團隊）將課程標準拆解，然後再分類學習目標，也搭好學習鷹架，以變成更好處理的各小區塊。通常來說，課程的期待不會用學生可理解的語言來書寫，故要加上學習目標和成功的表現指標。**學習目標**會用學生可理解的語言來清楚說明，在學習階段結束時，學生應該要知道什麼？應該要了解什麼？還有能夠做什麼？**成功的表現指標**會更進一步精準地探討實施時的樣貌。這樣的清晰度可以幫助學生聚焦於他們的學習，且能監控自己的進展。更棒的是什麼？當學生有機會可以一起創造成功的表現指標，便能提升他們的動機和學習品質。為了達到這樣的目的（增進學生理解），學生版的學習進程（第七章）是不可或缺的。

階段二

既然你已經找出希望學生學習的東西，就需要問自己：「那看起來或聽起來像什麼？什麼可以作為證明他們已經習得的證據？」如果課程期待呼應了全球素養，那麼我們可以確定，單單只有考試不足以作為學習的證據。學生會用不同的方式、以不同的速度進行學習。對教師團隊來說，這是一個很好的時機，一起思考如何讓學生展現學習的可能性及豐富性。在這個過程中享受一點樂趣，允許自己很有創意地產出深度學習的經驗，例如：合作性的團體學習、角色扮演、部落格、網頁、實驗、辯論、倡議活動、請願書、模擬、社會善因、發表、研討會，學習的可能性真是無窮無盡。

階段三

只有在知道學生會學到什麼，還有什麼可以作為學習的證據之後，我們才能設計學習經驗。此時，我們會考慮如何將四要素最佳化，以及如何安排學習的順序。接下來，某部分的挑戰可能是，當我們納入學生的想法、選擇、興趣時，原本設定好的學習計畫可能沒辦法如期進行；因此，保持靈活度會很有幫助。先勾勒出大的學習輪廓，也就是說「學習如何展開」而後允許調整。聆聽學生的想法，觀察學生的貢獻和行為，這會提醒我們如何在學習空間裡調整教學策略。教師原本是教學的命令與指揮中心，轉

變為有彈性、積極回應的激發者，經常評估學生的學習。服務於渥太華天主教教育局的老師，Kelly Brownrigg，描述了這個重要的轉變：

> 我們每天都為了學習在做評估。我們檢視的是，學生處於哪個階段？明天我們需要進行到哪裡？下一個三分鐘，我們需要做什麼？有時候……我想到三十年前，我們一次就計畫兩個禮拜的授課內容，而現在再也不是這樣了。學生是一輛輛的車子，會引導你帶他們去需要的地方。

── 三年級數學課影片中的 NPDL 深度學習

學習設計計畫模板提供一個架構，支持、引導教師在探尋學習的路程上確定方向。每一個空格裡的提示詞都支撐著這個想法（見表 8.2）。操作指引 20、21、22 也提供教師支援，以利教師使用這種方式設計學習。

學習設計評量規準

為了增加規劃的豐富性，就必須使用學習設計評量規準，這是最珍貴的工具。無論是針對幼稚園的課程或是十二年級的物理課，學習設計評量規準用精確清楚的語言表達學習情境裡四要素的樣貌，說明深度學習最重要的部分。學習設計評量規準就像學習進程工具一樣，提供四個階段精熟度的描述，以表達四個不同的發展階段：證據有限、萌芽、加速和進階期。這讓教師們得以自我評估原教學設計的預設目標與教學成果之間呼應的程度。（見表 8.3）

學習設計評量規準可以達到許多目的；就像學習進程一樣，越常使用它，就會變得越有意義。這裡有一些使用學習設計評量規準的方式：

● 建立對深度學習設計共同且精確的理解

● 評量目前的實踐

● 澄清並引導如何深化學習

● 鞏固自我反省

● 以協作方式支持、指導、及分析共同的實踐

● 在覺得自己卡住的時候，鼓勵我們可以暫停一下，並重新調整

表 8.2　學習設計計畫模板

評估	**評估：學生的經驗背景是什麼？（優勢、需求、興趣）** 學生的知識、技能、興趣、需求為何？ 你要如何獲得這些資訊？ **學習成果：我們希望學生學到什麼？** **課程標準（課綱）**　　　　　　　　　**深度學習素養** 檢視當地的課程標準。列出此學習應聚焦　　你可能會聚焦在哪些全球素養？ 的項目。 **成功的表現指標：我們怎麼知道他們已經習得？** 用簡單明確的語言列出成功的表現指標。學生有機會可以一起創建這個成功的表現指標嗎？

設計	**學習設計的概述**	
	提供學習設計的概述。 ● 學生會參與什麼活動？ ● 對教學以及對學生來說，關鍵點是什麼？ ● 學習會產出什麼作品？ ● 有什麼過程可以幫助學習成果？	
	學習設計四要素	
	學習夥伴關係	夥伴關係能夠如何強化任務、深化學習？ 思考夥伴關係的可能性，可納入其他學生、學校環境裡的其他成人、還有校外及社區人士。
	學習環境	學習實際發生的地點？ 你會如何支持學生冒險、嘗試新的思考、學習、發表及反思？
	教學實踐	列出這個任務中你會使用的教學策略。 思考要如何符合課堂中所有學生的需求。
	數位利用	科技如何可以擴大、加速並且連結學生和學習？

實施	**實施學習設計：在教學過程中，留意每一項調整、觀察和見解**

檢核、反思與改變	**檢核：要使用哪些評量？** 你和其他人要如何評量學習？ 你要如何使用多種評量方式，包括形成性和總結性的評量？ **反思與改變：評量學習** **學習設計是否讓學生的學習達到預期的成果？** 教學後：所蒐集的學習證據是否符合你設定的學習目標和預期成果。 **反思與改變：評量學習設計** **學習設計中哪一個部分運作得很好？有什麼部分需要改進？** 教學後：跟同事談談。哪些成效不錯？哪些需要改善？你會想怎麼做？

表 8.3　學習設計評量規準

向度	證據有限	萌芽	加速	進階
學習夥伴關係	學習設計尚無法積極促使學生和教師成為學習的夥伴關係。教師可能是指揮的角色、學生的想法、選擇、及能動性很有限，而這會影響學生的歸屬感。學生、教師和其他夥伴之間很少有平等的關係。在學習夥伴之間沒有一個清楚的共同目標，且學習成果不清楚易懂的；對學生成功而言，如何檢核成功也是不明確的。	學習設計能涵蓋學習夥伴關係中的學生、教師和其他夥伴，以確保深度學習的成果。教師開始推動學生的想法、選擇、及能動性。學習設計有共同的學習目標，且得到學生的支持。學生、教師和其他夥伴關係越來越平等；學習成果是清楚易懂的，學生也越來越能理解能被檢核的。	學習設計有清楚的策略，讓學生、教師和其他夥伴可以幫助所有學生達成深度學習的成果。學生有歸屬感。能動性和貢獻融入至學習設計：學習成果之間的關係是平等的；教學流程和期待是清楚的；學生對於成功的樣貌以及核成功的方式是有共識的。	學習設計是學生、教師和其他夥伴共同參與的協作夥伴關係，大家同確焦於幫助所有學生達成深度學習的成果。學生的想法、選擇、能動性和貢獻是很關鍵的改善及學習設計的。所有的學生都有真正的歸屬感。高強度的平等關係、透明度、相互利益／共同責任感驅動了夥伴關係。清楚的協作過程和檢核促使學生得不懈持以堅持並獲得成功。
學習環境	學習設計尚無法善加利用互動關係或納入學生想法。學生可以對學習做出多少貢獻是不清楚的。尚未最佳化實體或虛擬環境。	學習設計納入互動的學習環境，以建立學習的氛圍和文化。如此，學習設計提供一些策略，讓大部分的學生能投入學習，但尚未有清楚的做法來確保公平性，或者讓學生產生影響力。實體和虛擬的環境提供新的學習情境。	學習設計支持一個互動且公平的學習環境，讓所有學生都能夠深度學習。學習設計提供策略以發展師生間及學生間的協作過程，同時納入學生的想法，以形塑師生合作的方式。實體和虛擬的環境提供了多樣的學習情境。	學習設計的學習環境充滿公平性與互動；所有學生深度投入目堅持地參與協作過程。學生的想法驅動了學習和進步。在課堂內外的實體和虛擬環境提供了豐富、真實的學習情境。

向度	證據有限	萌芽	加速	進階
教學實踐	學習設計主要為傳統的教學實踐，比較是由教師主導，在學習過程中沒有考應學生的需求、興趣或意見。	學習設計納入研究證實有效的教學實踐，以推進深度學習的教學目標。學習設計雖納入所有學生主動參與的機會，但沒有考應到所有學生的需求、興趣和能力，或者未能參考研究證實有效的範例。評量實作比較是由教師主導的，同儕／自我評量的機會很有限。它們也許無法代表多元的評量方式。	學習設計回應學生的優勢、興趣和需求，同時鼓勵納入學生的想法和能動性。它包含最能搭配學習目標和學生需求的教學實踐。學習設計使用研究證實有效的範例，為思考方式和不同程度的複雜性搭建鷹架，並量身訂作個別化的學習。學習設計透過選擇和真實的任務讓學生參與，以確保學習潛力最大化，同時將學習設計過程中，將自己視為初期萌芽的夥伴。學習設計讓學生參與各式各樣的評量方法，以自我和同儕回饋的快速循環，來促進他們的後設認知和自我規範。	學習設計考應到每位學生的優勢、興趣和需求，同時確保這能激發每位學生的想法和能動性。透過這個設計，學生能實現超越學習的目的。在最適當的時機使用經研究證實有效且最合適的教學實踐，以回應學習者的需求。它為思考方式和不同程度的複雜性搭建鷹架，讓所有的學生都能產出的成果。多種策略的運用能產出真實情境的學習經驗，置身持續增強的個別化的學習，以及持續增強的參與度。各式各樣的學習和評量策略以及自我和同儕的回饋的快速循環持續進行，都能加速認知和自我導向的學習。
數位利用	學習設計僅涵蓋盖傳統數位工具有限的取得和使用，且停留在低層次或淺層的使用。數位工具常常作為傳統學習方式的替代品。數位工具的使用無法使學生相互學習，也無法使深度學習學習的成果有所發展。學習設計尚未處理到數位公民素養或個人資安問題。	學習設計提供數位工具的取得，以提升學生學習動機、參與度，並連結至在地與全球的資源。數位工具能提供學生新的機會，藉以反思、分享、溝通，進而發展深度學習的成果。學習設計有處理到數位公民素養和個人資安問題。	學習設計納入數位工具，時時列劃激發學生學習動機、參與度，並連結至在地與全球的資源。數位工具明顯為學生提供學生明顯目具彈性的機會，藉以反思、分享、溝通，並進一步發展深度學習的成果。學習設計明確處理數位公民素養和個人資安問題，且能作有效的檢視。	學習設計納入持續且符合具真實情境所需的數位工具，以激發學生的學習動機、參與度、並連結至在地與全球的資源。數位工具能增強創新，讓學生有所成，這是其他方式做不到的。數位工具讓學生學習設計中所強調的反思、分享、溝通和知識建構的做法得以正常化。學習設計涵蓋的學習過程，確保學生能為自己及他人行使高層次的數位公民素養及權維護個人資安。

要注意，這個學習設計評量規準的使用清單並不包含教師評鑑。重點是：當我們試著要在學校日常的瘋狂步調裡調整既有作法、做點新東西之際，我們必須覺得改變是受到支持的，且在摸索中笨拙地前進時需要獲得高度的包容。對很多教師而言，涉入深度學習這個領域似乎得面對不確定性，而他們需要知道我們會相互支持。在第九章中，我們會深入探索深度學習文化裡的規範。目前，在檢驗教師的實踐時不要妄下評論，這是很重要的。

　　我們在這本書的前半部介紹過協作探究，學習設計裡也有融入循環式的學習及改善學習設計應抱持的開放態度。以下快速摘要協作探究的四個階段，以及協作探究如何應用於學習設計（見圖 8.4）

圖 8.4　協作探究的四階段

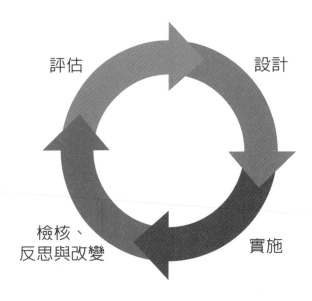

評估（學生的優勢、興趣及需求）

設計（學習策略，這個策略立基於課程標準、全球素養還有學習設計四要素）

實施學習策略（在過程中容許調整）

檢核、反思與改變（使用學習設計評量規準、學習進程、學生學習的證據、以及其他的資訊來決定學習設計是否達成預期成果）

結語

　　當你開始設計深度學習時，要考慮利用現有的範例。你可以檢視這本書裡提供的教師範例，亦或是我們深度學習中心（https://deep-learning.global/）上更詳細的範例。你也可以使用已證實有效、以證據為本的策略，並在融入四要素後，將策略稍作修改。回想第五章中教學方法的融合圖（圖5.3），它特別指出，當我們進行創新時，不用拋棄現存有效的實踐，而是要在具有優勢的點上繼續發展下去。

　　我們鼓勵教師以「慢慢來才能走得快」的概念來使用學習設計：開始時，走小步一些。我們深度學習的教師說，他們第一次設計深度學習時，會覺得有些不熟，當他們暫停下來做評估及反思後，就能修改他們的想法，改善設計；接下來第二次的嘗試就會順利得多。我們建議，初期設計時，你盡可能投入時間在自我評估、反思及檢核上；想想有什麼是進行得還不錯的、有什麼是你下一次會修改的。在下一章，我們會以學習設計作為基礎來思考協作評量。

操作指引

19. 探討深度學習短文

　　利用短文來捕捉對於全球素養和學習設計四要素的觀察。

20. 學習設計計畫模板

　　介紹此模板以及各欄位的提示詞，邀請大家一起討論，比較此模板與其他模板之間的異同。

21. 使用學習設計計畫模板的逆向設計

　　用案例討論來探討課程設計。

22. 透過學習設計促進全球素養

　　五個學習設計範例讓小組探討和分析發展全球素養的方式。

23. 比較學習設計

　　更加詳細檢視五個學習設計範例中的兩個示例，比較其異同。

24. 使用學習設計計畫模板

開始使用模版共同設計一個課程。

25. 學習設計評量規準

介紹學習設計評量規準—其組織、語言及應用方式。

26. 應用學習設計評量規準

提供一段影片當作範例,以聚焦討論,並且使用此評量規準來分析四要素中的兩個要素。

27. 深化學習設計評量規準的分析

使用一段影片來深化對教學實踐更深層的觀察和分析。

28. 提升學習設計

透過首次嘗試設計學習(操作指引 24)來分析學生學習的證據和引導後續的作法。

工具
- 學習設計計畫模板
- 學習設計計畫模板:工作單
- 學習設計評量規準

深度學習設計範例
- 有關地標的學習(二年級)
- 探討世界和平(四年級)
- 探討貧窮:永續的方法(六年級)
- 閃電約會:批判思考與寫作(十年級英文)
- 弱勢族群及經濟活動(十二年級經濟學)

更多訊息
閱讀《深度學習:參與世界改變世界》第五章及第六章。

Note

第八章

19. 探討深度學習短文

目的：發現深度學習架構的元素

過程：你注意到甚麼？

時間：20 至 30 分鐘

資源：

短文：

● 蜜蜂、改變
● 問你自己：那又如何？
● 學會同時應付人生的許多需求
● 沒有 B 星球
● 每天的深度學習：心靈的運動

① **四人為一組**，使用深度學習架構圖複習全球素養和學習設計四要素。

② 從資源清單中**選擇**一篇短文閱讀。

③ **使用**深度學習架構圖記錄你對於全球素養和學習設計四要素的觀察。

④ **輪流**指出短文如何運用 6Cs 和四要素來深化學習。使用深度學習架構圖來做筆記。

⑤ **討論**

● 短文是否有遺漏（或者不明顯）任何深度學習架構的元素？若有，你如何修改這個例子以便涵蓋深度學習架構所有的元素？

● 依你所見，這是深度學習嗎？請說明理由。

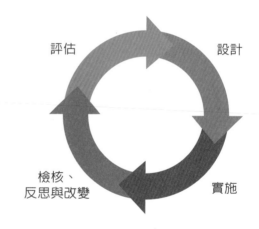

評估　設計

檢核、反思與改變　實施

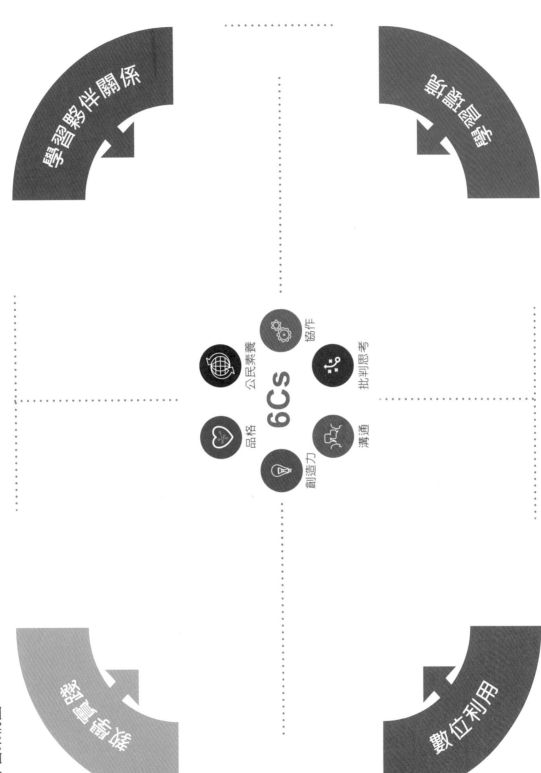

深度學習架構圖

學習夥伴關係

學習環境

教學實踐

數位利用

6Cs

公民素養
協作
批判思考
品格
創造力
溝通

20. 學習設計計畫模板

目的：了解學習設計計畫模板的元素

過程：比較學習設計計畫模板和你自
己的模板

時間：20 至 30 分鐘

① **檢視**學習設計計畫模板。

② 用此**比較**你自己的學習設計計畫。
相似處或不同點？

③ **思考**你是否會在你自己的計畫加上
任何本模板的元素？你會移除任何
元素嗎？

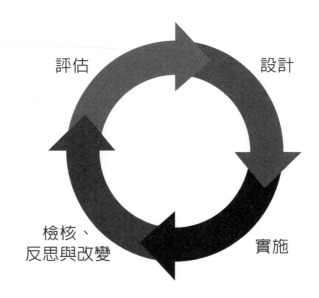

學習設計計畫模板

評估	**評估：學生的經驗背景是什麼？（優勢、需求、興趣）**	
	學生的知識、技能、興趣、需求為何？ 你要如何獲得這些資訊？	
	學習成果：我們希望學生學到什麼？	
	課程標準（課綱）	**深度學習素養**
	檢視當地的課程標準。列出此學習應聚焦的項目。	你可能會聚焦在哪些全球素養？
	成功的表現指標：我們怎麼知道他們已經習得？	
	用簡單明確的語言列出成功的表現指標。學生有機會可以一起創建這個成功的表現指標嗎？	

設計	**學習設計的概述**	
	提供學習設計的概述。 ● 學生會參與什麼活動？ ● 對教學以及對學生來說，關鍵點是什麼？ ● 學習會產出什麼作品？ ● 有什麼過程可以幫助學習成果？	
	學習設計四要素	
	學習夥伴關係	夥伴關係能夠如何強化任務、深化學習？ 思考夥伴關係的可能性，可納入其他學生、學校環境裡的其他成人、還有校外及社區人士。
	學習環境	學習實際發生的地點？ 你會如何支持學生冒險、嘗試新的思考、學習、發表及反思？
	教學實踐	列出這個任務中你會使用的教學策略。 思考要如何符合課堂中所有學生的需求。
	數位利用	科技如何可以擴大、加速並且連結學生和學習？

實施	**實施學習設計：在教學過程中，留意每一項調整、觀察和見解**

檢核、反思與改變	**檢核：要使用哪些評量？**
	你和其他人要如何評量學習？ 你要如何使用多種評量方式，包括形成性和總結性的評量？
	反思與改變：評量學習 **學習設計是否讓學生的學習達到預期的成果？**
	教學後：所蒐集的學習證據是否符合你設定的學習目標和預期成果。
	反思與改變：評量學習設計 **學習設計中哪一個部分運作得很好？有什麼部分需要改進？**
	教學後：跟同事談談。哪些成效不錯？哪些需要改善？你會想怎麼做？

21. 使用學習設計計畫模板的逆向設計

目的：了解和使用學習設計計畫模板

過程：逆向設計

時間：30 至 45 分鐘

資源：

工具：學習設計計畫模板

① 閱讀微案例研究——誰害怕代數？

② 與一個夥伴一起確認案例中相關的資訊，並且將其記錄於學習設計計畫模板上適合之處。

③ 有什麼訊息被遺漏？你需要推斷什麼訊息？

④ 你想了解哪些更多的相關訊息？

⑤ 反思你最近的課程，這個模板可以如何協助你深化學習？

微案例研究——

誰害怕代數？

Tom 教授七年級數學。他從經驗得知許多學生畏懼代數。

　　當 Tom 翻閱學習設計計畫模板，他假設，使用批判思考的「能產生連結並且辨認不同模式」向度可以協助他的學生更適應且投入於代數的學習。

　　他發下學生版的「能產生連結並且辨認不同模式」向度，跟學生一一解釋，並且討論每一格階段在數學學習上可能的樣貌。

　　他的教學實踐重點是讓學生使用科技投入發現模式的活動。在前兩節課，Tom 使用網路

資源來介紹不同計算模式的想法，學生被要求在五個階段都提供一個自己練習的例子——每個例子皆與他們如何使用網路資源裡的模式相關。這的確確認了代數只是跟找出計算模式有關罷了。

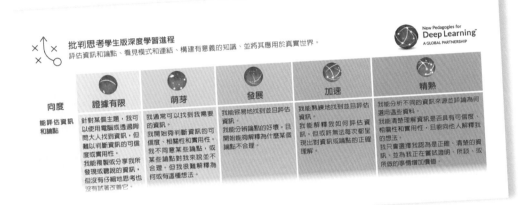

接著，Tom 就可以用課文和精熟教學法進行更多與代數相關的教學。在接下來的十堂課裡，他也引導學生使用「能產生連結並且辨認不同模式」向度的語言來對話。他要學生和同儕（融入學習夥伴關係）共同反思各自從不同觀點看待主題或任務的能力；他們如何做連結、確認模式且看到彼此之間的關係；他們如何能夠將新的學習連結到已知的事情。許多學生特別提到，回想之前對他們有效的方法，能幫助他們駕馭學習代數的過程。

> 許多學生特別提到，回想之前有效的方法對學習有幫助……

Tom 觀察到，使用此向度的語言讓學生更加能具體化代數的抽象本質。它提供學生策略性的切入點，使他們能夠專注於學習過程，而不僅僅是學習成果。與往年相比，Tom 觀察到他的學生更加投入，更願意接觸代數，並且能夠更快地掌握核心概念。他的形成性和總結性測驗還顯示學生在學習成就獲得整體改善，與往年相比，學生的平均成績提升了。

操作指引
22. 透過學習設計促進全球素養

目的：探討學習設計計畫模板範例　　　　時間：**40 至 60 分鐘**

過程：以思考為基礎

第一部分

① **四人為一組**，研究「促進全球素養的學習經驗」清單。

② 用你自己的實踐**分享**有展現出這些特性的範例。

③ 這些促進深度學習的**特性**為何？

第二部分

④ 以小組爲單位，**選擇**一個學習設計示例來探討

- 有關地標的學習（二年級）
- 探討世界和平（四年級）
- 探討貧窮：永續的方法（六年級）
- 閃電約會：批判思考與寫作（十年級英文）
- 弱勢族群及經濟活動（十二年級經濟學）．

⑤ 個別**閱讀**示例。

⑥ **思考**焦點問題。

- 在「促進全球素養的學習經驗」清單裡，哪些特性在學習範例中顯而易見？

⑦ **分享**對於焦點問題的回答。

⑧ **如何增強**學習經驗以能更進一步發展全球素養？

促進**全球素養**的學習經驗

- 會涉及高層次的認知過程，以深入了解當代世界的內容及議題。

- 會涵蓋讓學生投入處理的跨領域範疇或議題。

- 會整合學術的和個人的能力。

- 是主動、真實、富有挑戰性且以學生為中心的。

- 其設計通常能影響世界，包括在地或更廣泛的地區。

- 會發生在各式各樣的情境，且越來越常使用數位工具，連結性也變強。

23. 比較學習設計

目的：比較學習設計範例

過程：維恩圖

時間：**30** 至 **45** 分鐘

① 選擇兩個學習設計示例。

② 閱讀示例，並使用四要素和六個全球素養作為討論的透鏡。

③ 指出這兩個示例的相似之處，並將其記錄於下頁維恩圖的中間。

④ 指出每個學習設計的相異之處，並在維恩圖相對應之處作筆記。

⑤ 分享彼此的想法並討論以下的問題。

你可能會改變什麼？

你會如何以這些設計為基礎去建構課程？

討論問題

你對什麼感到好奇？對你而言，缺了哪些訊息？

何以這些是深度學習的示例？這些經驗與傳統課程設計有何不同？

當你反思任何一個設計時，什麼可能對你的學生學習有效？

維恩圖

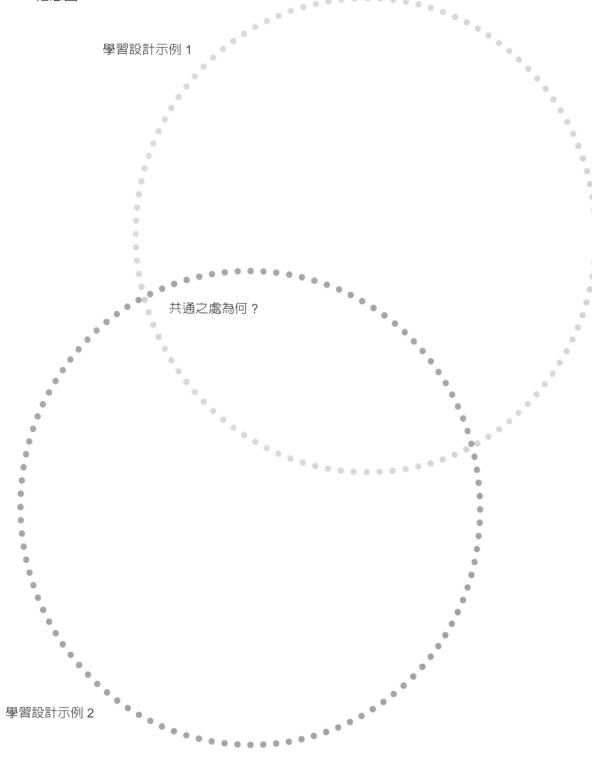

學習設計示例 1

共通之處為何？

學習設計示例 2

操作指引

24. 使用學習設計計畫模板

目的：用學習設計計畫模板共同設計
　　　一課

過程：共同設計

時間：**30 至 60 分鐘**

資源：

工具：
- 學習設計計畫模板
- 學習設計計畫模板：工作單

① 跟一個夥伴一起**檢視**這個圖，討論
這個學習設計的方式與你們現有的
實踐有何不同？

設計學習經驗

那看起來／聽起
來像是什麼？

我們希望學生
學到什麼？

② 使用操作指引 20 中學習設計計畫
模板的**問題**，引導你們的思考並把
你的計畫記錄到工作單上。

③ 想想你的學生並確認他們的

- 優勢
- 需求
- 興趣

④ 指出你即將在課堂上處理的二至三
個課程成果。

⑤ 有哪些**全球素養**可以深化學習？

⑥ 參考學習設計四要素，**腦力激盪**出
可以設計深度學習任務的方法。

⑦ **思考評量**方式（含形成性和總結性
評量）。

⑧ **實施**設計。

⑨ 實施之後，運用操作指引 28 來驗證
你的反思。

操作指引

25. 學習設計評量規準

目的：了解學習設計評量規準及其使用方式

過程：閱讀—配對—分享

時間：20 至 30 分鐘

資源：

學習設計評量規準

① **四人**為一組。

② **每人**從四要素中**擇一**並且閱讀評量規準上的描述，標註最重要的想法。

③ 用自己的話**描述**該要素的主要概念並說明如何使其更加精進。

④ 以小組方式**討論**以下問題

- 當你設計課程時，你會特別聚焦在評量規準的哪些要素？
- 你想要更進一步發展哪個要素？
- 你獨立操作及用小組方式進行時，會如何使用這個工具？

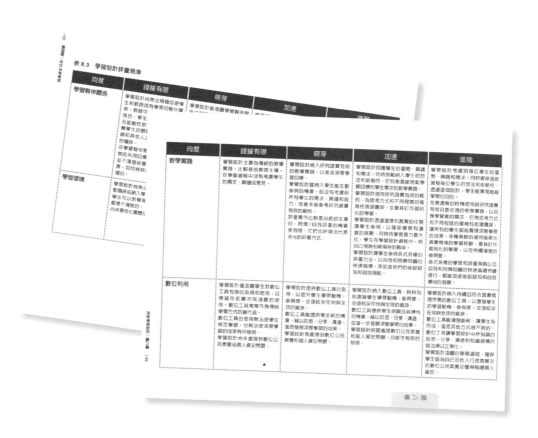

表 8.3　學習設計評量規準

向度	證據有限	萌芽	加速	進階
學習夥伴關係	學習設計尚無法精確促使學生和教師成為學習的夥伴係。教師的角色、學生及能動性角色都需要學生的夥伴關係和其他人的關係。在學習夥伴間的共同目標並不清楚易懂書，如何擬標題的。	學習設計能讓學習夥伴係			
學習環境	學習設計尚無法動關係或納入學生可以對學習趣書之向未最佳化實體化				

向度	證據有限	萌芽	加速	進階
教學實踐	學習設計主要為傳統的教學實踐，比較是由教師主導，在學習過程中沒有考慮學生的需求、興趣或意見。	學習設計納入研究證實有效的教學實踐，以推進深度學習目標。學習設計詩納入學生能主動參與的機會，但沒有考慮到所有學生的需求、興趣和能力，或者未服參考研究證實有效的範例。評量實作比較是由教師主導的，同儕／自我評量的機會很有限。它們也評無法代表多元的評量方式。	學習設計回應學生的優勢、興趣和需求，同時鼓勵納入學生的想法和能動性。它包含最能滿足學習目標和學生需求的教學實踐，為思考方式和不同證據提供框架原該直架，並嚴與打作個別化的學習。學習設計透過邏輯和真實的任務，讓學生參與，以確保學習真實的挑戰，同時將學習習力最大化。學生在學習設計過程中，將自己視為初期局的參評估方法，以向我和同儕回饋的快速臨機，來促進他們的後設認知和自我規範。	學習設計向應學生的優勢、興趣和需求，同時確保追能滿每位學生的想法和能動性，透過邏輯設計，學生能實現超越學習的目的。在最適當的時機使用經研究證實有效且合適的教學實踐，以回應學習者的需求。它為不同考方式和不同程度的鷹機性地提供框架，讓所有學生能實現深度學習的成果。各種策略的運用能推出真實情境的學習經驗，量身打作個別化的學習，以及持續增強的參與度。各式各樣的學習和評量策略以及自我和同儕回饋的快速循環持續進行，都能加速後設認知和自我導向的發展。
數位利用	學習設計優適讓學生對數位工具有限的取得和使用，且停留在低層次或淺顯的使用。數位工具常寫作為傳統學習方式的替代品。數位工具的使用無法使學生相互學習，也無法促深度學習的效果或發展。學習設計尚未處理到數位素養或個人資安問題。	學習設計提供數位工具的取得，以提升學生學習動機、參與度，並連結至在地與全球的資源。數位工具能提供學生新的機會，藉以反思、分享、溝通，進而發展深度學習的成果。學習設計明確處理數位公民素養和個人資安問題。	學習設計納入數位工具，同時特別發展學生學習動機、參與度，並連結至在地與全球的資源。數位工具提供學生的諸目與便性的機會，藉以反思、分享、溝通並進一步發展深度學習的成果。學習設計則處理數位公民素養、資安問題，且能作有效的檢視。	學習設計納入持續且符合真實情境用的數位工具，以原發學生的學習動機、參與度，並連結至在地與全球的資源。數位工具能增強創新，讓學生有所成。這是其成為方式做不到的。數位工具讓學習設計中所強調的複雜、清通和和議鏈構的反思、分享、溝通得以正常化。學習設計能讓學習過程，讓保學生能為自己及他人行使高層次的數位公民素養及權衛護個人資安。

深度學習設計 | 第八章　167

26. 應用學習設計評量規準

目的：應用學習設計評量規準於一段
影片範例

過程：分析影片

時間：45 分鐘

資源：
- 工具：學習設計評量規準
- 在 https://deep-learning.global/ 上的影片：在 St. Louis School 的創新學習。

① 四人為一組。

② **複習學習設計評量規準**：兩人複習數位利用，兩人複習教學實踐。

③ **觀看影片**：在 St. Louis School 的創新學習。針對所指派的要素尋找證據。

④ **標註**最能代表你所觀察到證據的描述詞，對每個向度都作出評比。

⑤ **分享你的評比**且兩人先討論：

- 你要將這個學習設計放到評量規準的哪個階段？
- 你的證據為何？
- 對於改善教學實踐和數位利用的下一步為何？

⑥ 在四人小組中**分享你的評比**。

⑦ 對影片**進行反思**並且思考學習設計的另外兩個要素：

- 你需要做出什麼推論？
- 有關學習環境，你注意到什麼？
- 擴展學習夥伴關係的方法可能是什麼？

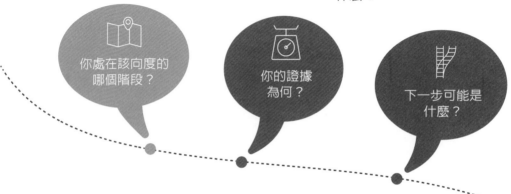

你處在該向度的哪個階段？

你的證據為何？

下一步可能是什麼？

學習設計評量規準組織圖	
教學實踐	在評量規準上的評比： 證據：
數位利用	在評量規準上的評比： 證據：

操作指引
27. 深化學習設計評量規準的分析

目的：應用學習設計評量規準於一段
影片範例

過程：影片分析和討論

時間：**45-60 分鐘**

資源：

- 工具：學習設計評量規準
- 在 https://deep-learning.global/
  上的影片：啓動學習——三年級
  的深化學習——在複雜的世界蓬
  勃發展。

① 跟一個夥伴一起檢視下列事項：

- 尋找「教學實踐」的證據組織圖。
- 學習設計評量規準（「教學實踐」向度）。

② 當你觀賞影片時，找尋「教學實踐」的證據。

- 第一個人觀看學生行爲並尋找證據。
- 第二個人觀看教師行爲並尋找證據。

③ **觀看**影片：啓動學習——三年級的深化學習——在複雜的世界蓬勃發展。（Activate the learning in Grade 3-Flourishing in a Complex World）。

④ **分享**在影片上發現的證據。

⑤ **回到**學習設計評量規準的「教學實踐」向度，並討論以下問題：

- 你會將這個學習經驗放到學習設計評量規準中「教學實踐」向度的哪個階段？
- 你的證據爲何？
- 下一步可能是什麼？

向度	證據有限	萌芽	加速	進階
教學實踐	學習設計主要爲傳統的教學實踐，比較是由教師主導，在學習過程中沒有考慮學生的需求、興趣或意見。	學習設計納入研究證實有效的教學實踐，以推進深度學習目標。 學習設計雖納入學生能主動參與的機會，但沒有考慮到所有學生的需求、興趣和能力，或者未能參考研究證實有效的範例。 評量實作比較是由教師主導的，同儕／自我評量的機會很少。它們也許無法代表多元的評量方式。	學習設計回應學生的優勢、興趣和需求，同時鼓勵納入學生的想法和能動性。它包含最能搭配學習目標和學生需求的教學實踐。 學習設計使用研究證實有效的範例，爲思考方式和不同程度的複雜性搭建鷹架，並量身訂作個別化的學習。 學習設計透過選擇和真實的任務讓學生參與，以確保學習有適當的挑戰，同時將學習潛力最大化。學生在學習設計過程中，將自己視爲初期萌芽的夥伴。 學習設計讓學生參與各式各樣的	學習設計考慮到每位學生的優勢、興趣和需求，同時確保這能激發每位學生的想法和能動性。透過這個設計，學生能實現超越學習的目的。 在最適當的時機使用經研究證實有效且最合適的教學實踐，以回應學習者的需求。它爲思考方式和不同程度的複雜性搭建鷹架，讓所有的學生都能實現深度學習的成果。多種策略的運用能產出真實情境的學習經驗、量身訂作個別化的學習，以及持續增強的參與度。 各式各樣的學習和任務都以

尋找「教學實踐」的證據	
尋找……	證據
第一個人 （觀看學生） • 學生的學習目標和需求與設計相匹配 • 主動參與 • 學生選擇權 • 學生能動性 • 眞實的焦點 • 合適的挑戰 • 學習過程中學生互爲夥伴 • 自我和同儕回饋以促進後設認知	
第二個人 （觀看教師） • 學習目標是明顯的 • 成功的表現指標是明確的 • 使用研究證實有效的教學實踐 • 使用策略以深化全球素養 • 使用創新的教學法 • 讓學生投入參與快速的回饋循環 • 利用數位深化學習 • 爲思考和不同的複雜度搭設鷹架 • 運用各種評量方式	

第八章

操作指引
28. 提升學習設計

目的：反思並改進深度學習設計

過程：反思、評量與提升

時間：**45 至 60 分鐘**

資源：

● 工具：學習設計評量規準

● 在 https://deep-learning.global/ 上的影片：啟動學習──三年級深度學習──在複雜的世界中蓬勃發展。

① 在開始授課前，跟你的教學夥伴建立連結且反思你們運用操作指引 24 完成的學習設計計畫模板。

② **找出**三個你打算聚焦、評估其進展的學生，這些學生應該要能代表不同程度的學習表現。

③ 用學習設計計畫模板作為指引，**啟動學習**。

④ 跟夥伴共同討論，用以下的表單對學習設計進行後續追蹤。

  ● 已完成的學習設計計畫模板
  ● 學習設計評量規準
  ● 使用到的學習進程
  ● 取自於三個學生不同類型的學習作品

⑤ **完成**反思學生表現的組織圖。

⑥ 反思

  ● 學習設計是否讓學生達成預期的學習成果？
  ● 學習設計是否能支持預期的學習成果？

⑦ 以**分析證據為依據**

  ● 重新設計以確定達到預期的學習成果
  ● 設計下一個階段的學習

反思學生表現的組織圖			
學生作品的證據	學生的學習是否達到規定的課程標準？ 他們在何處需要更多支持？	學生是否發展出全球素養？ 他們在學習進程的哪個階段？ 他們在何處需要更多支持？	對於學生表現，你大致上察覺到什麼？ 有哪些模式正在浮現？有任何出乎意料的地方嗎？
A			
B			
C			

學習設計計畫模板

評估	評估：學生的經驗背景是什麼？（優勢、需求、興趣）	
	學生的知識、技能、興趣、需求為何？ 你要如何獲得這些資訊？	
	學習成果：我們希望學生學到什麼？	
	課程標準（課綱）	**深度學習素養**
	檢視當地的課程標準。列出此學習應聚焦的項目。	你可能會聚焦在哪些全球素養？
	成功的表現指標：我們怎麼知道他們已經習得？	
	用簡單明確的語言列出成功的表現指標。學生有機會可以一起創建這個成功的表現指標嗎？	
設計	學習設計的概述	
	提供學習設計的概述。 ●學生會參與什麼活動？ ●對教學以及對學生來說，關鍵點是什麼？ ●學習會產出什麼作品？ ●有什麼過程可以幫助學習成果？	
	學習設計四要素	
	學習夥伴關係	夥伴關係能夠如何強化任務、深化學習？ 思考夥伴關係的可能性，可納入其他學生、學校環境裡的其他成人、還有校外及社區人士。
	學習環境	學習實際發生的地點？ 你會如何支持學生冒險、嘗試新的思考、學習、發表及反思？
	教學實踐	列出這個任務中你會使用的教學策略。 思考要如何符合課堂中所有學生的需求。
	數位利用	科技如何可以擴大、加速並且連結學生和學習？
實施	實施學習設計：在教學過程中，留意每一項調整、觀察和見解	
檢核、反思與改變	檢核：要使用哪些評量？	
	你和其他人要如何評量學習？ 你要如何使用多種評量方式，包括形成性和總結性的評量？	
	反思與改變：評量學習 學習設計是否讓學生的學習達到預期的成果？	
	教學後：所蒐集的學習證據是否符合你設定的學習目標和預期成果。	
	反思與改變：評量學習設計 學習設計中哪一個部分運作得很好？有什麼部分需要改進？	
	教學後：跟同事談談。哪些成效不錯？哪些需要改善？你會想怎麼做？	

學習設計計畫模板：工作單

評估	**評估：學生的經驗背景是什麼？（優勢、需求、興趣）**
	學習成果：我們希望學生學到什麼？
	課程標準（課綱）　　　　　　　深度學習素養
	●　　　　　　　　　　　　　　　●
	成功的表現指標：我們怎麼知道他們已經習得？
	●

設計	**學習設計的概述**	
	學習設計四要素	
	學習夥伴關係	
	學習環境	
	教學實踐	
	數位利用	

實施	**實施學習設計：在教學過程中，留意每一項調整、觀察和見解**

檢核、反思與改變	**檢核：要使用哪些評量？**
	●
	反思與改變：評量學習 **學習設計是否讓學生的學習達到預期的成果？**
	●
	反思與改變：評量學習設計 **學習設計中哪一個部分運作得很好？有什麼部分需要改進？**

工具

學習設計評量規準

向度	證據有限	萌芽	加速	進階
學習夥伴關係	學習設計尚無法積極促使學生和教師成為學習的夥伴關係。教師可能是擔任指揮的角色，學生的想法、選擇、反能動性很有限，而這會影響學生的歸屬感。學生、教師和其他人之間缺少有平等的關係。 在學習夥伴間沒有一個很清楚的共同目標，且學習成果並不清楚易懂的；對學生而言，如何檢核成功也也是不明確的。	學習設計能涵蓋學習夥伴關係中的學生、教師和其他夥伴，以確保學習深度學習的夥伴。教師開始推動學生的想法、選擇、反能動性。 學習設計有共同的學習目標，目得到學生的支持。學習夥伴關係越來越有平等；學習成果是清楚易懂的，學生也越來越理解如何是檢核的。	學習設計有清楚適的策略，讓學生、教師和其他夥伴可以幫助所有學生達成深度學習的成果。學生有歸屬感。 學生的想法、選擇、能動性和貢獻融入至學習設計。學生和教師之間的關係是平等的；學習成果對於成功的樣貌以反映核成功的方式是有共識的。	學習設計是學生、教師和其他夥伴共同參與的協作關係，大家同確保焦於所有學生達成深度學習的成果。學生的想法、選擇、能動性和貢獻對於學習設計的改善是很關鍵的。 所有的學生都有真正的歸屬感。高強度的平等關係、透明度、相互的利益／共同責任感驅動了夥伴關係。清楚的協作過程和檢核，促使學生得以堅持以不懈對目獲得成功。
學習環境	學習設計尚無法善加利用互動關係或納入學生想法。學生可以對學習做出多少貢獻是不清楚的。 尚未最佳化實體或虛擬環境。	學習設計納入更互動的學習環境，以建立學習的氛圍和文化，如此，學習設計提供一些策略，讓大部分的學生能投入學習，但尚未有清楚的做法來確保公平性，或者讓學生產生影響力。 實體和虛擬環境提供新的學習情境。	學習設計支持一個互動且目公平的學習環境，讓所有學生都能夠深度學習。學習設計提供策略，以發展師生間及學生間的協作過程，同時納入學生的想法、以形塑師生合作的方式。 實體和虛擬的環境提供了多樣的學習情境。	學習設計的學習環境充滿公平性與互動；所有協作深度投入且堅持地參與協作過程。學生的想法驅動了學習和進步。 在課堂內外的實體和虛擬環境提供了豐富、真實的學習情境。

向度	證據有限	萌芽	加速	進階
教學實踐	學習設計主要為傳統的教學實踐，比較是由教師主導，在學習過程中沒有考慮學生的需求、興趣或意見。	學習設計納入研究證實有效的教學實踐，以推進深度學習的教學目標。學習設計雖納入學生能參與的機會，但沒有考慮到所有學生的需求、興趣和能力，或者未能參考研究證實有效的範例。評量實作比較是由教師主導的，同儕／自我評量的機會很有限。它們也許無法代表多元的評量方式。	學習設計回應學生的優勢、興趣和需求，同時鼓勵納入學生的想法和能動性。它包含最能搭配學習目標和學生需求的教學實踐。學習設計使用研究證實有效的複雜例，為思考方式和不同程度的複雜度搭建鷹架，並量身訂作個別化的學習。學習設計透過選擇和真實有效的任務讓學生參與，以確保學習潛力最大化，同時將學習設計過程中的夥伴。學生在學習設計過程中，將自己視為初期萌芽的夥伴。學習設計讓學生參與各式各樣的評量方法，以自我和同儕回饋的快速循環，來促進他們的後設認知和自我規範。	學習設計考慮到每位學生的優勢、興趣和需求，同時確保這能激發每位學生的想法和能動性，透過這個設計，學生能實現超越學習的目的。在最適當的時機使用經研究證實有效且最合適的教學實踐，以回應學習者的需求。它為思考方式和不同程度的複雜性搭建鷹架，讓所有不同程度的學生都能實現深度學習的成果。多種策略的運用能產生出真實情境化的學習經驗、量身訂作的個別化的學習，以及持續增強的參與度。各式各樣的學習和評量策略以及自我和同儕回饋的快速循環持續進行，都能加速認知和自我導向的發展。
數位利用	學習設計僅涵蓋學生對數位工具有限的取得和使用，且停留在低層次或淺層的使用。數位工具常常作為傳統學習方式的替代品。數位工具的使用無法使學生相互學習，也無法使深度學習的成果有所發展。學習設計尚未處理到數位公民素養或個人資安問題。	學習設計提供數位工具的取得，以提升學生學習動機、參與度、並連結至在地與全球的資源。數位工具提供學生新機會，藉以反思、分享、溝通，進一步發展深度學習的成果。學習設計有處理到數位公民素養和個人資安問題。	學習設計納入數位工具，以能時時刻刻激勵激發學習動機、參與度，並連結至在地與全球的資源。數位工具能提供學生明顯且具彈性的機會，藉以反思、分享、溝通、並進一步發展深度學習的成果。學習設計明確處理數多位公民素養和個人資安問題，且能作有效的檢視。	學習設計納入符合真實情境所需的數位工具，以激發學生的學習動機、參與度、並連結至在地與全球的資源。數位工具能增強創新，讓學生有所成，這是其他方式做不到的。數位工具讓學習設計中所強調的反思、分享、溝通和知識建構的做法得以正常化。學習設計涵蓋的學習過程、確保學生能為自己及他人行使高層次的數位公民素養及懂得維護個人資安。

深度學習設計示例
有關地標的學習（二年級）

<table>
<tr><td rowspan="3">評估</td><td colspan="2">評估：學生的經驗背景是什麼？（優勢、需求、興趣）</td></tr>
<tr><td colspan="2">這些學生是觸覺型學習者，精力旺盛，比較無法傾聽他人。他們在背景文化上非常多元，喜歡拼圖和謎語。</td></tr>
</table>

<table>
<tr><td rowspan="20">設計</td><td colspan="2">學習成果：我們希望學生學到什麼？</td></tr>
<tr><td>課程標準（課綱）</td><td>深度學習素養</td></tr>
<tr>
<td>
● 語言（口語溝通）：學生能反思且辨識出自己傾聽和發言的優勢，並能辨識需要改善的地方。
● 數學：能描述且表達物體的位置，畫出熟悉場景的簡易地圖。
● 藝術：能將創意應用至二度空間、三度空間的藝術作品創作；能使用視覺藝術中的元素、原則及技巧來溝通感覺、想法和理解。
</td>
<td>
● 溝通：反思能促進發展及改善溝通
● 創造力：提出優質的探究性問題
● 批判思考：能生成有意義的知識建構
</td>
</tr>
<tr><td colspan="2">成功的表現指標：我們怎麼知道他們已經習得？</td></tr>
<tr><td colspan="2">
● 學生會學到如何問好的問題，以及聽取資訊。
● 學生使用地圖時，能以描述性的方式溝通，以提供和解釋方向。
● 學生會製作因努伊特石堆（Inukshuk)），且深化對加拿大境內多元文化的理解。
● 學生會製作地理藏寶箱，使用文字描述，且能對同儕做報告。
</td></tr>
<tr><td colspan="2">學習設計的概述</td></tr>
<tr><td colspan="2">
（3週）
1. 問學生他們如何知道要怎麼從學校回家？沿路上會經過哪些地標？
2. 學生會接觸到各式各樣的地標，以及它們在文化中實際和象徵性的重要性。
3. 學生自己選擇一個要探索的加拿大地標，做一個小的 3D 複製品，然後向同學報告它的重要性。
4. 學生將地標藏在校園的各個角落。
5. 學生要為其他人畫地圖，好讓他們能找到地標。
6. 探索地理藏寶。邀請家長一起參與解釋。
7. 小組創作地理藏寶箱。
8. 到當地的保育區進行校外教學，參與地理藏寶活動。
</td></tr>
<tr><td colspan="2">學習設計四要素</td></tr>
<tr>
<td>學習夥伴關係</td>
<td>有家長擔任講者，也有保護區的公園護林員一起參與。
學校秘書和管理員協助在校園的各個角落隱藏地標。
學生以小組方式運作及進行評量。</td>
</tr>
</table>

	學習環境	學校（隱藏地標）。 保護區。 學生會上台報告他們的地標—使用溝通和創造力學習進程。
	教學實踐	學生的學習方式有個人、兩人一組、和有明確目標的小組。
	數位利用	線上地圖及地理藏寶遊戲的應用程式

實施

實施學習設計：在教學過程中，留意每一項調整、觀察、和見解

● 有一位學生在課堂上做了有關因努伊特石堆的簡報，讓其他學生倍感興趣。因此，我們收集石頭，為學校校園做一個因努伊特石堆。

● 我們無法前往保育區校外教學，因此在社區進行地理藏寶遊戲。

● 學生喜歡製作和使用教具。

檢核、反思與改變

檢核：要使用哪些評量？

以下每一個評量都使用同樣的標準，且能用來檢核學生的成長。

● 兩次簡短的上台報告。

● 做一個好的觀眾，問好的問題。

● 兩份三度空間的作品：因努伊特石堆、地理藏寶箱。

● 兩張地圖：學校、保育區。

反思與改變：評量學習
學習設計是否讓學生的學習達到預期的成果？

● 22 位中有 21 位在溝通上有進步（自我和教師評量）。

● 22 位中有 22 位在創造力上有進步（自我、同儕和教師評量）。

● 22 位中有 22 位在批判思考上有進步（自我和教師評量）。

● 22 位中有 20 位能熟練地進行反思且辨識出自己身為傾聽者和發言者的優勢，同時能辨識需要改善的地方。

● 22 位中有 17 位能熟練地描述且表達物體的位置，畫出熟悉場景的簡易地圖。

● 22 位中有 22 位能將有創意的流程應用至各種三度空間的藝術作品創作。

反思與改變：評量學習設計
學習設計中哪一個部分運作得很好？有什麼部分需要改進？

學生對任務非常投入，他們反思的技巧也在進步。然而，還是老師在主導設計這些任務。事實上，因為學生對因努伊特石堆非常著迷，我們應該要更專注在極圈的地理環境。同時，學生對於理解地圖有困難，所以在讓學生接觸線上地圖和社區之前，應該要花更多時間幫助他們熟悉場景的地圖。在教授這組學生空間推論時，需要使用更多的教具和視覺工具。

探討世界和平（四年級）

評估	評估：學生的經驗背景是什麼？（優勢、需求、興趣）
	在學校裡屬於行為表現良好的學生，喜歡助人。然而，他們生活在一個受到良好庇護的中產階級社區，因此沒有注意到一些已經成為世界焦點的議題。有些女孩會霸凌彼此。因為四年級有三個班，我們故意把他們混在一起，希望可以讓小圈圈的問題最小化。

學習成果：我們希望學生學到什麼？

課程標準（課綱）	深度學習素養
●閱讀：將屬於同一個主題，兩篇不同文本的資訊融合在一起，以便能有充分的知識可以談論或撰寫這個主題。 ●寫作：進行短期研究計畫，透過調查這個主題的不同面向來建立知識。 ●社會研究：參與能幫助別人或提供資訊的計畫。	●溝創造力：能將想法化為行動的領導能力。 ●批判思考：能在真實世界中對想法進行實驗、反思並採取行動。 ●溝通：溝通的設計有考量到受眾及其影響 ●溝通：有實質性、多模組的溝通。

成功的表現指標：我們怎麼知道他們已經習得？

- 學生能定義同理心和公民素養。
- 學生能使用小說類和記實類的文本、數位資源、文章等，來研究平等、公平及和平。
- 學生能對複雜的世界問題提出解決之道。
- 學生能使用不同的溝通方式和廣泛受眾分享他們的理解。

學習設計的概述

學生能探索世界上與和平相關的議題。我們會使用各式各樣的教學策略啟動學生對於複雜議題的理解，像是種族、性別、世界衝突、還有移民問題等。學生從各式各樣的繪本中（例：Jerry Watts 的 A Piece of Home）選一本做準備，然後唸給一年級的閱讀夥伴聽。學生藉由訪談不同的族群（家庭成員、鄰居、學校職員、退伍軍人、幼稚園學生），會聽到如何帶給全人類平等的不同觀點。他們會使用數位資源來找圖片，這些圖片可能質疑或證實有關平等、公平及和平的看法。他們也會聆聽 1960 年代的抗議音樂。在這個研究後，學生也許可以創作跟世界和平有關，激勵人心且帶來希望的歌曲、舞蹈和詩詞。

學習設計四要素

學習夥伴關係	一開始的研究組成會涵蓋家人、社區成員、還有跨年級的編組。整個四年級的學生互相合作，他們要在學校集會時上臺報告。
學習環境	學習環境透過視覺工具、要點圖（anchor charts）、還有學生引言來傳達學生的想法。

	教學實踐	學生透過活動參與體驗式學習，這些活動考驗學生要能在不同的情境下，設身處地為別人著想。學生要選擇主題，做有創意的表達。教師和學生針對視覺表現、詩、上台報告，一起制定成功的表現指標。父母親會被告知學習目標和期望，老師則會利用數位工具監督進度。
	數位利用	Google 雲端硬碟（儲存研究，並提供同儕回饋）、PowerPoint、Skype 通訊軟體，以及電子郵件讓學生能在課堂以外的時間和夥伴聯繫。Seesaw 應用程式讓學生得以追蹤、分享並反思自己的學習。Animoto 應用程式讓學生在 iPad 和筆電製作影片。
實施	**實施學習設計：在教學過程中，留意每一項調整、觀察、和見解**	
	在訪談的過程中，有一個學生遇到一位最近才剛退伍的鄰居，她分享了在阿富汗生活的故事。這個連結促成了與當地退伍軍人協會的合作。學生採訪他們，並為他們表演。學生也準備了一些烘培食物和這些退伍軍人一起用茶，並寫了感謝函。學生製作視覺影像向他們做簡報。有些學生選擇寫信給那些在海外服役的軍人。我們注意到這些女孩開始比較善待彼此。	
檢核、反思與改變	**檢核：要使用哪些評量？**	
	● 報告（口頭與文字）。 ● 閱讀夥伴的報告（口頭與文字）。 ● 退伍軍人的報告（口頭與文字）。 ● 學生寫給退伍軍人的後續信件（文字）。 ● 學生的反思與會議：學習進程（口頭與文字）。	
	反思與改變：評量學習 **學習設計是否讓學生的學習達到預期的成果？**	
	● 61 位學生中有 57 位展現出對議題理解的進步。 ● 61 位學生中有 59 位使用報告流程來製作並傳達他們所學。 ● 61 位學生中有 59 位能清楚說出他們在關注素養的進步：創造力、溝通、批判思考。	
	反思與改變：評量學習設計 **學習設計中哪一個部分運作得很好？有什麼部分需要改進？**	
	提供學生多樣的選擇是件好事。他們可以從八本書中挑出一本，唸給閱讀夥伴聽，但對退伍軍人的報告則是沒有限制的。三個老師對於深度學習有不同程度的理解，之間的協調是以前沒有發生過，但卻不是做不到的——我們的協作帶來了比較好的見解及關係。下一次，當有像是可以和退伍軍人合作這樣的機會時，我們會慢下來、仔細思考這個機會，為這個學習搭設鷹架，這樣學生就能準備得更好。	

探討貧窮：永續的方法（六年級）

評估	**評估：學生的經驗背景是什麼？（優勢、需求、興趣）** 學生對於回饋給更廣大的社區已經發展出強烈共同的興趣。他們對於自己社區與其他區域的差異缺乏深度的理解，但期待了解其他人的生活方式，以及如何改善生活品質。學生真的想成為創造改變的人。

設計

學習成果：我們希望學生學到什麼？

課程標準（課綱）	深度學習素養
● 地理：學習知識並理解世界上各國家間不同的經濟、人口、社會特徵。 ● 英文：互動的語言，不僅僅只懂得發表最基本的主張，還能考慮到不同的角度和觀點。 ● 數學：數字和代數、金錢和金融數學、製作簡單的財務計畫。 ● 讀寫能力：能創作文本、計畫、和寫草稿；能發表有創意、富有知識性、且有說服力的文本；能選擇並試驗不同的文體、語言特徵、意象及數位資源，以適合不同的目的與受眾。	公民素養：具有全球視野；為了多元價值與世界觀，透過同理和惻隱之心致力於人類平等與福祉。 （雖然所有的全球素養皆有處理，公民素養為主要關注的深度學習素養）

成功的表現指標：我們怎麼知道他們已經習得？

● 學生對於處理真實世界裡尚未結構化且具開放性的問題有其興趣。
● 學生對於可能影響全球的議題，能以個人或群體的方式主動參與思考並採取行動。
● 學生對於問題處理，能分享思慮周密的計畫。

學習設計的概述

在協作的小組中，學生設計的商業計畫強調獨立、原創性還有成本效益。透過 Kiva 平臺，對貸款過程做深思熟慮的決定。設計包含了 1. 形成性評量，用以決定個人對貧窮的了解、2. 全班性的討論及學生小組會議，用來評估進展及阻礙、3. 商業計畫，內含與學生共同設計的成功表現指標，也有 WILF（What am I Looking For? 我在尋找什麼？）的必要條件。學生可以選擇以個人或小組的模式執行計畫，並定期在日誌中記錄反思及問題。

學習設計四要素

學習夥伴關係	Kiva 的微型金融提供研究及分派貸款的平臺。學生聯絡一些當地的企業，強調募款會在更大範圍的社區進行。州報紙還特別報導這個計畫。
學習環境	學習在教室內進行。我們將募款活動推行至更大範圍的社區，讓訊息在實質上能傳得更遠。大部分的溝通在線上進行。計畫與學習以全班或小組的方式進行。

教學實踐	<ul><li>直接的教學</li><li>協作的學習小組、與學生一起召開會議</li><li>為募款計畫腦力激盪想法</li><li>安排規劃時間讓小組可以在商業計畫上有所合作</li><li>用商業計畫製作班級成功的表現指標</li></ul>
數位利用	文字處理工具、電子郵件、網路、Kiva（線上微型金融平臺）。

實施學習設計：在教學過程中，留意每一項調整、觀察和見解

有些學生很積極地想要以個人方式實施他們的商業計畫。雖然我預期這是個團體活動，以個人方式實施仍然是個成功且有影響力的成果。在這些個人的案例中，仍有強大的協作回饋和學習發生。協作學習的過程和成果同樣重要。

檢核：要使用哪些評量？

- 能完成一份處理成本效益、原創性和獨立性的商業計畫。
- 能合作組織並進行一個成功的募款活動。
- 能用關懷且體貼的評論和問題回應於探索貧窮日誌。
- 能從〈最重要的是什麼？與小學高年級學生一起探索貧窮〉這項資源中，理解一連串課程所呈現的關鍵概念。

反思與改變：評量學習
學習設計是否讓學生的學習達到預期的成果？

- 27 位學生中有 24 位對貧窮的挑戰有深度的理解／同理心。
- 27 位學生中有 27 位深化了全球視野。
- 27 位學生中有 24 位提供了有效的商業計畫（其中有 12 位學生有募集到錢）

反思與改變：評量學習設計
學習設計中哪一個部分運作得很好？有什麼部分需要改進？

我們這個小組非常喜歡執行這個計畫，這個計畫再次確認了我們的初衷——教育是重要的、甚至是消弭貧窮最重大的要素。

對我們而言，最關鍵的問題是「誰最需要教育，是窮人還是那些免於貧窮的人？」

答案非常清楚。一個真正具備良好教育系統的富裕世界，有許多資源可用以消弭貧窮。有一些學生在理解貧窮上遭遇挑戰；下一次，在開始計畫前，我們會用更多虛構的文本來建立同理心。有些學生在小組合作上有困難；我會提供更謹慎且明確的暖身。

左側欄位文字：實施　檢核、反思與改變

閃電約會：批判思考和寫作（十年級英文課）

評估	評估：學生的經驗背景是什麼？（優勢、需求、興趣）
	Eleanor 學校裡十年級英文課的學生需要增強說服式和議論式的寫作。

設計	學習成果：我們希望學生學到什麼？	
	課程標準（課綱）	深度學習素養
	<ul><li>使用可信服的論證和充足的相關證據寫出論點，以支持一些重要主題或文本分析中的主張。</li><li>透過有效的選擇、組織和內容分析寫出富有知識性／解釋性的文本，以清楚準確地檢驗、傳達複雜的想法、概念和資訊。</li><li>藉由計畫、修改、編輯、重寫、或嘗試新的方法，發展和強化所需的寫作能力，且能專注處理對特定寫作目的或受眾來說，非常重要的寫作技能。</li><li>透過有效使用進階搜尋，從多種可信的印刷品和數位來源收集相關的資訊；在回答研究問題時，能評估每個來源的有用性；挑選有需要的資訊，融入至文本中，以維持想法的流暢。</li></ul>	批判思考

成功的表現指標：我們怎麼知道他們已經習得？

學生能對自己和別人的寫作做出評價，並且根據批判思考學習進程的評量規準，提供聚焦的回饋。

學習設計的概述

在五堂課的時間裡，向學生介紹批判思考評量規準的三個向度
- 能評估資訊和論點
- 能產生連結並且辨認不同模式
- 能生成有意義的知識建構

我們會討論這三個向度能夠如何幫助我們聚焦在寫作技巧上，並在實作中針對每個向度的樣貌提供建議。

接下來，學生會應用這三個向度在他們的作品中，強調優勢和機會，以做出改善。

接著，學生會參與「閃電約會」。他們會得到一個模板，其中包括根據這三個向度而得出的提示詞。他們要使用這些提示詞來分析其他學生的作品，並提供回饋，每一輪要花 15 分鐘。在這段時間裡，學生要閱讀同儕的作品、分析並提供筆記和建議。這個過程會重複四次，好讓每個學生都能收到四組的回饋。

學習設計四要素

學習夥伴關係	在「閃電約會」的過程中，學生評價其他人作品的優勢，並提供回饋。更重要的是，有效且有禮地仔細檢視協作的準則和一起工作的方式。
學習環境	

	教學實踐	直接教導學生如何使用批判思考學習進程的評量規準。 學生以個人方式使用評量規準（應用到自己的作品上）。
	數位利用	

實施

實施學習設計：在教學過程中，留意每一項調整、觀察和見解

我原本不確定這五堂課的時間是否足夠，但這次的運作很成功。我們將閃電約會拆成兩堂課進行，好讓學生有時間能夠反思回饋，這樣他們就不會覺得負荷過大。

檢核、反思與改變

檢核：要使用哪些評量？

- 觀察回饋品質
- 過程是否為有效的全班性和個人討論
- 評量寫作作品（透過評量規準）

反思與改變：評量學習
學習設計是否讓學生的學習達到預期的成果？

學生能使用評量規準聚焦於明確的回饋，以改善自己和其他人的寫作。

反思與改變：評量學習設計
學習設計中哪一個部分運作得很好？有什麼部分需要改進？

當我和我的同事討論深度學習時，我們討論了批判思考——讓學生在整個課程中能夠成為有批判力的思考者是非常重要的。閃電約會的模式讓他們能夠練習這件事。我希望他們知道，專業的記者也會修改、重新訪談、犯錯、向同事尋求回饋，以及重複這些過程，好讓他們的作品能夠更出眾。

下一次，我會在每次「閃電約會」的間隔時給予額外的時間，讓學生可以有更多反思和處理的機會。

弱勢族群及經濟活動（十二年級經濟學）

評估	**評估：學生的經驗背景是什麼？（優勢、需求、興趣）** 學生對全校性的反酒駕活動很有興趣。他們在課堂討論時表達見解的深度，我相信他們是理解這個議題的，但很多人在寫作時，無法詳盡說明自己的見解。他們還沒有辦法將社區裡的日常生活連結到全球經濟。

學習成果：我們希望學生學到什麼？

課程標準（課綱）	深度學習素養
● 描述個人和團體在試圖處理國際經濟活動相關問題時的方式 ● 解釋不同的社會運動和社會正義組織處理全球經濟平等性的方式	● 協作：團隊以相互依存的方式進行工作。 ● 批判思考：能在真實世界中對想法進行實驗、反思並採取行動。 ● 公民素養：數位利用、為了造福人類，解決真實世界中模稜兩可且複雜的問題。 ● 品格：表現同理、惻隱之心和正直的行為。

成功的表現指標：我們怎麼知道他們已經習得？

● 學生能批判性地檢驗社會正義議題（人口販賣）。
● 學生能有說服力、謹慎並適切地將議題傳達給相關的受眾。
● 學生能使用數位工具與受眾交流、能分享關於個人資安的的重要訊息、以及他們對緩解社會正義議題能提供的協助。

學習設計的概述

（在八週內作間歇性的實施）學生會閱讀當代跟社會正義以及人類奴役有關的文章，且針對議題產出問題。他們會探究目前組織正在處理哪些問題。我們會根據學生的興趣共同製作學習設計，也會一起確認全球素養。學生會分成小組，作進一步的調查、提出計畫、並採取行動，以提升全校及更廣的社區對於議題的意識。

學習設計四要素

學習夥伴關係	學生會從他們自己社區及組織的人脈（例：社會福利機構、專家）開始。
學習環境	各種虛擬及實體的環境、校內外皆有。
教學實踐	在這個設計中，學生會以個人及小組的形式運作。小組會在不同的階段分享他們的設計，並在開始實施活動前，先向彼此及教師尋求回饋。
數位利用	各種數位工具（例：部落格、網頁、社群媒體、文書處理、PowerPoint）。

	實施學習設計：在教學過程中，留意每一項調整、觀察和見解
實施	學生不知道美國每天都有成千上萬的年輕人（國內及全球）被引誘賣淫和強迫勞動。他們對人口販賣這個主題感到很有興趣，我們因此花了比較多的時間謹慎地探究和處理這個議題。當他們知道相關的資訊非常有限之後，就想要著手處理這些問題。這讓我們課程進行的方式完全改變，但這堂課還是跟學習目標及課程有關，所以這是學生自己驅動了學習。 以下是這些小組採取的行動範例： ●邀請一位警察（專精於人口販賣）跟家長們（和其他有興趣的社區成員）會面，以提升意識並辨識易受攻擊的跡象。 ●建立網路安全指南和簡報，並分享給附近學校的六年級學生。 ●建立部落格、Instagram、以及網頁的連結，分享給學區內的八年級及九年級學生。 ●開始和寄養學生／當地的社福機構建立同儕的連結，向邊緣青少年伸出援手。 ●在機場舉辦活動，分發學生創作的小冊子。 在當地媒體對他們的倡議感到興趣時，學生都非常興奮。這是一個很棒的教學機會，因為我們能夠和媒體以及社會運動產生連結。

	檢核：要使用哪些評量？
檢核、反思與改變	●針對與社會正義主題有關的三則文章或影片，給予批判性的評論。 ●說服式寫作：社會正義、經濟學、公平。 ●團體報告／行動方案。 ●對社會運動做出貢獻的反思摘要。
	反思與改變：評量學習 **學習設計是否讓學生的學習達到預期的成果？**
	●協作：自我、同儕、和教師評量：30 位學生中有 25 屬於階段三或以上。 ●批判思考：自我、同儕、和夥伴評量：30 位學生中有 28 位屬於階段三或以上。 ●公民素養：自我、同儕、教師、和夥伴評量：30 位學生中有 30 位屬於階段三或以上。 ●品格：自我、同儕、教師、和夥伴評量：30 位學生中有 30 位屬於階段三或以上。
	反思與改變：評量學習設計 **學習設計中哪一個部分運作得很好？有什麼部分需要改進？**
	學生因為想充實自己的資訊，有很大的動力進行這任務，他們因此感覺到自己貢獻良多。下一次，我需要更明確掌握協作的成功表現指標。同時，因為這是一個容易令人情緒激動的主題，在課堂中好幾次我必須停下來，教他們如何謹慎且成熟地表達給適當的受眾。然而，因為他們非常自我學習導向，我很容易就可以採取一種「激發者」角色。我們可以整個學期都做這件事。

> 從標準化測驗、內容記憶轉變成創造並應用強大的新知識和素養，這樣價值觀的改變使檢核工具和實作也必須作徹底的轉化。

——《深度學習：參與世界改變世界》

第五部

評量實作

"

此歷程的優勢在於與學習有關
的專業討論，以及有效策略的
分享，這些皆為下一個階段的
學習做好準備。

"

—— 《深度學習：參與世界改變世界》

第九章
協作評量

　　無論你的學習設計是否有效，你之前的學習設計都會讓你知道接下來該怎麼調整進行方式，這就是為什麼反思實作如此重要。我們需要能夠挖掘殘酷的事實，並與之搏鬥：我們要思索優點、缺點以及挑戰。為了滿足所有學生的需求，我們需要弄清楚什麼是有效的、什麼是無效的，並理解箇中原由。自己一個人單獨做這樣的審視很難達標！既寂寞，又會因狹隘的視野而嚴重破壞效能。既然如此，就是需要精進的時候了 —— 和我們的夥伴一起動起來！

　　在本章中，我們會針對協作評量的過程進行討論。協作評量現已被視為改善教學實踐最強而有力的專業學習策略之一。它來自於我們有意義的課堂情境，讓我們可以捲起袖子來解決相關教學的議題。正如深度學習要求教師要轉變立場一樣，協作評量也要求我們重新定義作為專業人士的學習方式。天下沒有白吃的午餐，協作評量需要小組成員充分參與，這會是個反覆、雜亂卻非常有意義的過程。現在就讓我們審視協作評量的內容：如何建立一個安全、協作且有意義的平台，好讓我們可以一起進行反思和檢核，並執行這整個過程！

協作評量過程

　　整本書中，我們一直在強調，協作探究是能夠引導深度學習的一種強大思維模式。我們越常使用評估、設計、實施、檢核與反思的循環，就越能改善我們的實作。當循環的各階段變成一種習慣，反覆操練並運用於非正式情境，且成為我們的日常 —— 也就是這些作法不僅僅出現在專業學習期間而已 —— 到那個時候，你就會知道通往深度學習的文化轉變正在發生。

協作評量採用該循環的最後階段（檢核、反思與評量），並應用於檢視學生的學習和學習設計。在全球合作夥伴關係中，我們已經採用這種方法，一起定期學習並改善教學設計的實踐；我們（透過視訊會議）用深度學習工具進行線上會議，共同檢視創新實作。當與會者參加學習設計的會議，整個討論過程可能不會超過半小時。如果我們跨越時區、語言和文化障礙、甚至跨越了國界，都還可以有效地做到這一點，那麼學校或學區內的教師都應可留出半小時，進行這個豐富的體驗過程。

建立規範

如果你想召集夥伴一起進行誠實又有意義的協作評量，那得預先準備迎接一個隱形且時而有害的不速之客，即脆弱感。如果我們在團隊中感到脆弱，就無法貢獻自己最好的思維；我們甚至會「武裝」自己，大腦中的杏仁核會被觸發並導致原始的反射機制接管了理性思考的功能。在這種情況下，我們通常會採取以下三種行為之一：愣住、逃離或反抗。如果團隊沒有在一開始就處理脆弱感這件事，團員就會不自禁地選擇先保護好自己。Brené Brown 非常了解這個話題並詳細的闡述如下：

> 當我們的組織會去酬謝或鼓勵諸如責備、羞辱、犬儒主義、完美主義和情緒堅忍等武裝行為時，我們就無法期待會有創新的工作發生。你無法在武裝背後還能充分地成長並作出貢獻，光是背負著這樣的武裝就需要耗費大量能量、甚至有時候會消耗掉我們所有的能量。
>
> —— 勇於領導（DARE TO LEAD），頁 14

解決這個問題最好的方法就是在工作開始前就先制定好共同的規範，而且成員要時常一起重新審視它。操作指引 29 介紹一些可供作為起始點的規範，這些規範在我們的全球合作網絡中似乎收到一些成效，但勿侷限於這些示例。整個團隊要能制定出對他們而言重要的規範，這樣才能增強集體共享規範的意識。

共同的原則是：在討論學習任務時，應該要想像設計該任務的教師也參與在會議裡靜觀討論，並假設該教師已經提供了他或她在那個當下的最佳思維。作為一群專業人士，我們需要體認到，任何共享的學習設計，無論

有多詳細，都無法完整涵蓋學習環境中發生的所有事；在任何學習環境中，都有數百種決策、動作、交互作用和詮釋，彼此交織在一起發生作用。我們不像該教師那樣了解學生，也無法完全知道執行學習設計的前因與後果；此外，因為我們都在這個過程中不斷成長，教師一年前提供的例子，今天看起來可能又會大不相同。因此，我們不要想著歸咎原因，也必須按捺想直接下結論的衝動。重點是要尊重教師們的意見和他們願意分享的勇氣。此時此刻，教學專業開始從兔子洞（愛麗絲故事裡的無底洞）裡露了出來；而彼此分享教學實踐逐漸變成一種新的常態，不過，不公正和嚴厲的批評可能會導致教師再次陷入孤立退縮的風險當中。

管理過程

如前所述，在進入這個過程之前，夥伴們需要先行檢視學習設計，這是很重要的。這樣他們就可以擁有自己的想法，且不會輕易地被集體思維所左右。在開始檢視設計過程時，要提出的問題包括：

● 你在注意什麼？

● 你發現到什麼？

● 你想知道什麼？

● 你在欣賞什麼？

這些問題可以讓夥伴使用描述性語言和特定的參考資料來討論他們眼前讀到的訊息，這有助於將對話聚焦在真實事件上。我們鼓勵團隊提出澄清性的問題，避免驟下價值判斷。教師在分享所關注的事情時，可能會希望根據四要素來組織他們的觀察細節。

運用學習設計評量規準（請參閱頁 173-174）作為下一個階段討論的共同基礎是很重要的；特別是在我們討論共同的示例時，學習設計評量規準提供共同的語言和精確度，能提高專業對話的水準。對話指南（第七章）可以作為分析對話的框架。前兩個問題最好的使用時機是：「這個學習設計是落在學習設計評量規準該要素的哪個階段？」以及「我們可以用什麼證據來證明這一點？」一個示例所呈現的證據，很可能落在單一個進程向度裡的不同階段。我們在評量規準上標記目前證據於進程上的所在階段，將有助於確認優勢和需要發展之處。還有一個好問題是：「目前尚無法得

知或仍不清楚的訊息是什麼？」缺乏證據並不一定意味著它就不在深度學習的經驗範疇裡。我們應從示例的直接證據來支持想法和決策，如果找不到證據，就請討論該從哪裡取得證據？這有助於團隊成員停下來並記住：示例可能無法傳達學習經驗的所有資訊。

以下依照四要素的角度提供一些問題，以引導討論：

學習夥伴關係

- 在設計學習時，學生是否是這個過程的合作夥伴？是否有採納學生的想法並作為學習設計過程的重要參考？
- 教師如何擔任學習的激發者？
- 夥伴關係是否還有進一步探索或擴展的機會？

學習環境

- 深度學習經驗如何在課堂內外、隨時隨地皆可促進知識和素養的發展？
- （實體、虛擬、文化）學習空間如何促進和深化學習？

教學實踐

- 所定義的成功表現指標如何支持和檢核深度學習？
- 如何運用一系列證據來檢核學生的學習？
- 學生如何接收並回應來自於自己、同儕、教師和社區的回饋？

數位利用

- 數位工具如何促進深度學習經驗？

更進一步深入探討後，團隊小組接著提出一個核心問題：學習設計對預期成果的支持程度有多少？為了能夠回答這個問題，團隊小組需要檢視學生的學習情況。學生在全球素養的進步有多少？他們完成學習目標的程度有多少？

最後，團隊小組反思如何更進一步改進此一示例。慷慨分享學習設計的教師會渴望獲得回饋。有效的回饋是進步的根源，且需要有智慧地加以培養。操作指引 15 的重點就是如何提供有效的回饋，而我們鼓勵團隊小組將回饋以問題的形式進行構思，以幫助教師思考。

結語

　　有時候當時間緊迫時，團隊小組可能無法透過所有四要素的角度來檢驗學習設計。僅專注於一或兩個要素仍然可以提供豐富的觀點，並使每個人都可以去思考如何改善自己的實作。

操作指引

29. 協作評量規範

　　探索並共同建立一起合作的模式，讓深度且互信的協作可以發生。

30. 評估深度學習任務

　　在五個深度學習示例中選出一個，用四要素和學習設計評量規準的角度來共同評估學習設計。

更多訊息

　　閱讀《深度學習：參與世界改變世界》第九章。

29. 協作評量規範

目的：理解要協作評量深度學習任　　時間：**10 至 20 分鐘**
　　　務所需的專業規範

過程：建立對規範的理解和共識

① **檢視**評量深度學習任務規範組織
　表中第一欄列出的規範。

② **四人為一組**，並予以編號。

③ **建立理解**。組員 A 大聲閱讀第
　一個小組規範，接著解釋為什麼
　該規範對流程很重要。然後，團
　隊集思廣益，舉例說明規範看起
　來、聽起來和感覺起來像什麼。

④ 組員 B、C 和 D **重複此過程**，直
　到理解所有四個規範。

⑤ **團隊一起思考**是否要增加、編
　輯或刪除哪些規範並提供建議。

⑥ 在繼續進行任務評估之前，**檢視
　最終的規範清單**並達成共識。

⑦ 在過程中，讓成員輕易就可查看
　規範清單，且定期對其作檢視
　調整。

小組規範

1. 談論任務時，彷彿設計任務
   的教師就在教室裡一樣，觀
   察討論過程。

2. 假設該教師已經提供他／她
   當下最好的思維。

3. 假定示例無法分享任務所有
   的細節。

4. 設定自己與團隊成員的學習
   立場。

評量深度學習任務規範組織表			
規範	為什麼重要？	規範看起來、聽起來和感覺起來是什麼？	同意
談論任務時，彷彿設計該任務的教師也在參與會議，正在觀察整個討論過程。			
假設該教師已經提供他／她當下最好的思維。			
假定示例無法分享任務所有的細節。			
設定自己與團隊成員的學習立場。			
其他規範			

第九章

30. 評估深度學習任務

目的：協作評量一份模擬的學習設計

過程：模擬

時間：60 分鐘

> **資源：**
> - 工具：學習設計評量規準
> - 學習設計示例

第一部分

① **以小組的方式**，檢視操作指引 29 中的小組規範。

② 從五個學習設計示例中**選擇**一個。

③ **檢視**學習設計示例，並完成學習設計觀察表，收集所觀察到的事項。需個別執行此操作程序並使用觀察表上提供的題幹。

④ **共同分享**這些觀察。不要批判，只使用澄清性的問題。

第二部分

⑤ **檢視**操作指引 25 介紹的學習設計評量規準以及觀察表的結果。

⑥ 在評量規準上**標記**與觀察相符的描述。請個別操作。

⑦ **分享**所標記的評量規準。討論以下問題：

- 在學習設計評量規準的四要素裡，你會把這個示例放在每一個要素的哪個階段？
- 哪些證據可用來支持你的分析？
- 目前尚無法得知或仍不清楚的訊息有哪些？

⑧ **評量**學生學到了什麼？

- 學習設計支持預期學習成果的程度有多少？

⑨ **查看**四要素，並找出可以採取哪些措施來改善深度學習經驗的品質。

⑩ 假裝同事就在會議室裡一樣地**表達**回饋。（參考操作指引 15 中有效回饋的原則），盡可能用提問的方式來表達回饋。

⑪ **以小組的方式**，仔細閱讀小組規範（操作指引 29），並反思在模擬過程中如何執行這些規範，每個人都要分享簡短的自我評量。

學習設計觀察表

教學實踐

我注意到……
我想知道……
我發現到……
我欣賞……

學習夥伴關係

我注意到……
我想知道……
我發現到……
我欣賞……

6Cs

我注意到……
我想知道……
我發現到……
我欣賞……

數位利用

我注意到……
我想知道……
我發現到……
我欣賞……

學習環境

我注意到……
我想知道……
我發現到……
我欣賞……

> 讓這種學習方式成為所有學校和課堂的常態，這並非出自偶然。

—— 《深度學習：參與世界改變世界》

第六部
深度學習能力建構

"

促成學生深度學習的四個要
素，對成年人而言也是同等
重要。

"

——《深度學習：參與世界改變世界》

第十章
教師深度學習的能力

　　無論老少，我們都在試著理解世界以及自己的定位。我們越是認識深度學習，就越是了解，大家都在同一條河流往上游。能真正學習的最好方法就是潛心學習。**Avon Maitland** 學區教育局在全球夥伴關係中作出積極的貢獻，他們分享了一個關鍵且抓到重點的「啊哈！」時刻。去年春天，這個學區的教育局邀請數百位學生參加學生論壇，問他們想要怎樣的學習，學生清楚表達了想要改進學習經驗。幾個月之後，學區辦公室召集員工並問他們相同的問題。值得注意的是，員工想以學生希望的學習方式來學習，包括學習的能動性、向同儕和富熱情的專家學習、真實的學習以及因應瞬息萬變世界所需的教學策略。（見圖 10.1）

　　在印第安納州 Fort Wayne，學區領導小組也有類似的領悟。他們看著全球素養說：「等一下！如果雇主想找具備 6Cs 的畢業生，我們為什麼不考慮培養我們員工的 6Cs 呢？我們其實都需要參與深度學習。」我們的學校不需要那種只會順從的教師，我們希望學校的教師早上一躍而起，期待在教與學中找到快樂。在本章中，我們將探討如何利用探究條件來終止教師不願投入的情形、促發創新並重新激發已經有豐富經驗學習者他們的能量，從而使我們大家都成為深度學習者。

　　2017 年，在多倫多的全球深度學習實驗室活動裡，我們的重要夥伴 Alan November 問了一個簡單卻深刻的問題：「學習是屬於誰的？」我們明白提供學生發言權和選擇有其重要性，但我們的員工呢？我們該如何允許成人運用能動性來引導他們自己的學習？學習的自主權可鼓勵年輕人提問、主動、及創新，以利進一步發展六個全球素養，而對成人來說，自主決定學習的權利也一樣地重要。

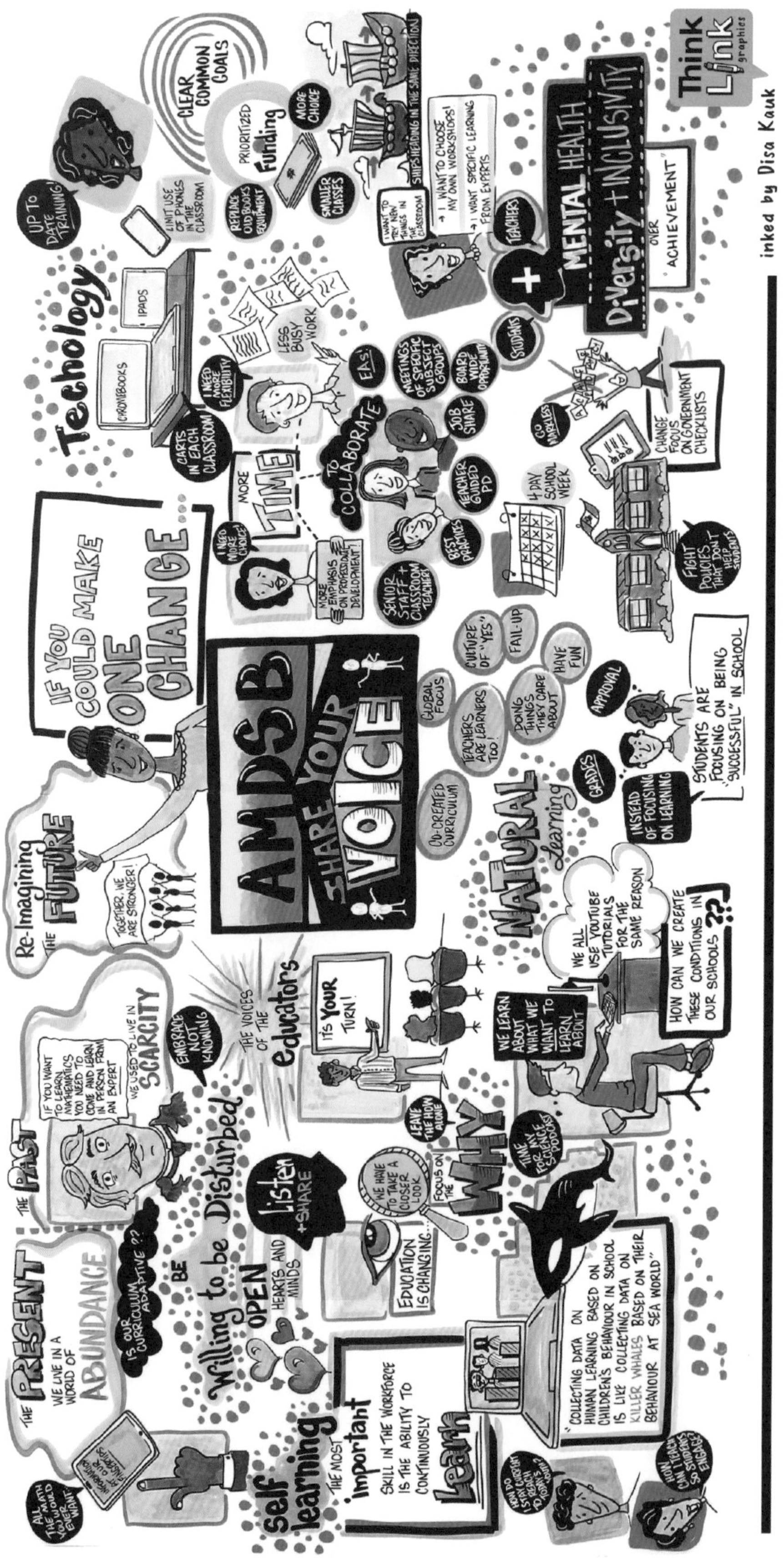
THE PRESENT
WE LIVE IN A WORLD OF ABUNDANCE
IS OUR CURRICULUM ADAPTIVE??
THE PAST
IF YOU WANT TO LEARN MATHEMATICS YOU NEED TO COME AND LEARN IN PERSON FROM AN EXPERT
WE USED TO LIVE IN SCARCITY
EMBRACE NOT KNOWING
Re-Imagining THE FUTURE
TOGETHER, WE ARE STRONGER!
IF YOU COULD MAKE ONE CHANGE...
Techology
CHROMEBOOKS
IPADS
UP TO DATE TRAINING!
LIMIT USE OF PHONES IN THE CLASSROOM
REPLACE OLD BOOKS EQUIPMENT
PRIORITIZED funding
CLEAR COMMON GOALS
MORE CHOICE
SMALLER CLASSES
SHIPS HEADING IN THE SAME DIRECTION
I WANT TO TRY NEW THINGS IN THE CLASSROOM
I WANT TO CHOOSE MY OWN WORKSHOPS!
I WANT SPECIFIC LEARNING FROM EXPERTS
TEACHERS
STUDENTS
MENTAL HEALTH
Diversity + INCLUSIVITY
OVER "ACHIEVEMENT"
Think Link graphics
inked by Disa Kauk
AMDSB
SHARE YOUR VOICE
CARTS IN EACH CLASSROOM
I NEED MORE FLEXIBILITY
LESS BUSY WORK
EAs!
I NEED MORE CHOICE!
MORE TIME
MORE EMPHASIS ON PROFESSIONAL DEVELOPMENT
TO COLLABORATE
MEETINGS OF SPECIFIC SUBJECT GROUPS
BOARD WIDE OPPORTUNITY
JOB SHARE
TEACHER GUIDED PD
BEST PRACTICES
SENIOR STAFF + CLASSROOM TEACHERS
4 DAY SCHOOL WEEK
CO MARKERS
CHANGE FOCUS ON GOVERNMENT CHECKLISTS
FIGHT POLICIES THAT DON'T HELP STUDENTS
STUDENTS ARE FOCUSING ON BEING "SUCCESSFUL" IN SCHOOL
INSTEAD OF FOCUSING ON LEARNING
GRADES
APPROVAL
GLOBAL FOCUS
CULTURE OF "YES"
FAIL-UP
HAVE FUN
DOING THINGS THEY CARE ABOUT
TEACHERS ARE LEARNERS TOO!
CO-CREATED CURRICULUM
NATURAL Learning
WE ALL USE YOUTUBE TUTORIALS FOR THE SAME REASON
HOW CAN WE CREATE THESE CONDITIONS IN OUR SCHOOLS??
WE LEARN ABOUT WHAT WE WANT TO LEARN ABOUT
TIME FOR MY PD SCIENCE PODCAST
THE VOICES OF THE educators
IT'S YOUR TURN!
BE Willing to be Disturbed
OPEN HEARTS AND MINDS
listen + SHARE
WE HAVE TO TAKE A CLOSER LOOK
LEAVE THE HOW ALONE
FOCUS ON THE WHY
EDUCATION IS CHANGING...
"COLLECTING DATA ON HUMAN LEARNING BASED ON CHILDREN'S BEHAVIOUR IN SCHOOL IS LIKE COLLECTING DATA ON KILLER WHALES BASED ON THEIR BEHAVIOUR AT SEA WORLD"
self learning
THE MOST important SKILL IN THE WORKFORCE IS THE ABILITY TO CONTINUOUSLY Learn
ALL THE MATH YOU WOULD EVER WANT
HOW DO I STAY CURRENT TO REACH TODAY'S STUDENTS?

圖 10.1

學習自主權讓教職員擺脫那個充滿固著文化、既舒適又符合規範的搖籃。我們鼓勵大家從「告訴我該如何做」轉變為「讓我們想想該如何做」。最終，教師的學習自主權讓他們的專業得以恢復，其中的意義是「你很重要，你的想法也很重要。」學習自主權並不是一張特立獨行的門票，反而是一種共同承諾，讓教師更願意貢獻於小組學習。當教師們聚在一起，共同理解 NPDL 的架構和語言時，務必給他們空間做決定，並以嶄新和有說服力的方式嘗試各種策略。正如我們在本書前面所提及，創造一個安全的空間來共享思考（不論是好事、壞事或挑戰）是非常重要的。

對教師而言，成為深度學習者意味著轉換到「不在教室前方控制」的課堂；要教師放棄這樣的控制權，可能會感到極為震撼；若這是一件容易的事情，我們早就這樣做了。回顧之前談過的，要為學生創造有安全感的條件這件事，這樣的看法同樣適用於教師。我們需要清楚認知到，因為教師需要揭露自己的經驗或想法，這樣的轉變會讓他們感到毫無遮掩或沒有安全感。因此，我們需要特別安排不受打擾的時間及值得信賴的同事共同進行反思。現在讓我們來探索能夠支持這種重大轉變的反思實踐及訓練方式。

反思實踐

假如我們要讓教師掌握自己的學習，教師自我評估工具會是個好的起點。這個工具詳述教師在行為上的改變（第三章已大致說明），其實指的就是教師扮演激發者、文化建構者及協作者的角色。教師行為清單可以提供精確的訊息，但也可能讓人覺得負荷太重，因此，我們最好要框定學習的範圍，就如同我們針對任何重大的習慣改變時會做的事情一樣。這裡我們提供一個作法：教師從列表中僅選擇一種行為（甚至一部分行為）作為重點。然後，他或她從分辨行為開始——從實際的角度確切觀察將這項行為付諸行動的樣子。教師寫出一個簡短的計畫，並試用兩個星期，接著是最重要的部分：兩週後，他們與同事分享並慶祝這一小小的進展。操作指引 31 和 32 詳細說明了制訂計畫並從同儕獲得反饋的過程。請注意：教師自我評估工具絕對不能用於監督，這裡沒有「逮到你」的意圖。如果該工具被認為具有威脅性，教師的行為將迅速轉向自我保護，而不是為行動進行反思。

為成功而訓練

　　使用訓練方法對於建立可深度反思對話的氛圍十分重要。當每個人都扮演教練和學習者的角色、當這些職務可輪調時，每個人都會是學習者。訓練時要謹記幾個條件：有效的教練是為了學習者而服務，而好的問題會帶出反思、慎思和洞見。這些不是彼此路過簡短打招呼的快速交談；教練要做時間上的分配並且儘量減少干擾。教練認知到，儘管他們可能了解和同理學習者的挑戰，卻不可能知道學習者每個角度的觀點。此時，「誰擁有學習？」這問題會再次出現。如果教練從提出優質的問題和提供反思的空間轉換成提供建議，學習者就會喪失學習的機會，或更糟糕的是，教練可能會指導學習者專注於錯誤的問題。Michael Bungay Stanier 表示，對教練而言：假如我們希望教師能承擔下一步的改進，就需要幫助他們發掘自己想要看到的問題，而非由我們來做這件事。

> 你可能會情不自禁地想要修復、解決及提供解方。這是巴夫洛夫制約……這說明為何一個組織裡的人都可以非常努力地工作，但最後只能提出回答無關緊要問題的解決方案，結果，真正的挑戰常常無法被解決。
>
> —— The Coach Habit，82 頁

　　操作指引 33 中的學習設計訓練工具提供一些有力的開放式提示詞，讓對話式的學習可以持續進行。然而，這絕不是要學習者快速完成或逐項迅速檢查而已；學習者在往下一步走之前，要先充分探索問題，去習慣對話中的混亂，因為這個過程最能讓思考充沛萌發。比方說，你問：「你如何和學生及其他人建立學習夥伴關係？」然後，學習者用簡單的回答回應：「我要讓他們選擇他們想做的作業。」不要停在那裡！再攪和一下。下一個問題可能是「那看起來會像什麼？」或「是否能多說一點？」或「我很好奇你將如何做？」與其回答他們的問題，不如質疑他們的答案。當細節逐一浮現且能清楚說明學習經驗時，學習者將從學習對話中受益。能清楚描繪學習經驗的樣貌就會引導他們進入下一個步驟。

結語

本章大部分的內容都聚焦在建立能促進教師反思的條件。Katz 和 Dack（2013）主張，當教師們有機會在經過評估、反思和檢視證據的洞見，以及最初始的想法之間掙扎，思想和行為才會發生永久性的改變。我們可以想像，如果我們集體反思和共同計畫的時間一樣多，會發生什麼事？假如我們在協作文化中嵌入了相互教練的方法，就會讓自己也成為學習者。這樣，組織又會變得如何呢？這種常態性的反思實踐必然會引發改變。

在下一章中，我們將討論「能引發教師和學生深度學習的學校條件」這個關鍵問題。

操作指引

31. 教師自我評估工具
小組的操作指引，提供成員討論並反思能協助改善教學的策略。

32. 教師自我評估工具的運用
這個按步驟執行的計畫單讓教師選擇如何成為他們所希望的**深度學習**教師。

33. 使用學習設計訓練工具
訓練工具中的引導問題和影片示例可幫助教師進行更深層的反思並思考接下來的教學實踐。

工具
- 教師自我評估工具

- 教師行動計畫組織圖

- 學習設計訓練工具

更多訊息
閱讀《深度學習：參與世界改變世界》第七章。

操作指引
31. 教師自我評估工具

目的：使用教師自我評估工具

過程：交換深度聆聽

時間：**30 至 70 分鐘**

資源：

工具：教師自我評估工具

第一部分

① 各自**完成**教師自我評估工具。

② **反思**自己的結果，接著完成「交換深度聆聽組織圖」的第一部分。

③ **四人為一組**。

④ 每個組員輪流**分享**比較有信心的一個部分，並且描述固定會用到的方法（10 分鐘）。

第二部分

⑤ **選擇**每個組員都想要發展更多信心或專長的某個範疇。

⑥ **組員 A 分享**他或她想要發展的範疇並解釋何以這是挑戰。另外三個人聆聽、記錄且不要干擾（2 分鐘）。

⑦ **三個組員**討論組員 A 的分享、對挑戰的了解程度及可行的方法。這些提示詞讓討論可以持續進行。組員 A 記錄，仔細聆聽，無須急著回應（5 分鐘）。

⑧ **組員 A 回應**其他人的討論／建議，確認可以協助建立信心的主要想法或策略。組員 A 同時確認下一步（3 分鐘）。

⑨ **如果時間允許**，讓另一個組員扮演組員 A 的角色，分享挑戰。重複以上的步驟。

資料來源：Quinn, J.copyright © 2019 by Education in Motion (New Pedagogies for Deep Learning ™).All rights reserved.Reproduction authorized for educational

交換深度聆聽的組織圖

第一部分：探索我們的信心

我對什麼事情感到有信心？	
在我的實踐裡，我可以舉那些例子來說明？	

第二部分：探索我們想要更有信心之處

支持交換深度聆聽的提示詞：

- 我聽到他／她說……
- 我聽到他／她做的一個假設是……
- 我們可以問的一個問題是……
- 不知他／她是否嘗試過……
- 他／她還沒有提到的是……

操作指引	組員 A	其他組員
組員 A 分享：（二分鐘） ● 想建立信心的範疇？ ● 何以這是挑戰？ **A**	範疇及何以這是挑戰	聆聽及記錄
其他組員：（五分鐘） ● 挑戰是什麼？ ● 有什麼可能支持組員 A？	聆聽及記錄	挑戰是什麼？ 有什麼可能支持組員 A？
組員 A：（三分鐘） ● 關鍵點是什麼？ ● 哪些策略有用？ ● 可能的下一步為何？ **A**	關鍵點和下一步	只要聆聽

第十章

32. 教師自我評估工具的運用

目的：運用教師自我評估工具

過程：使用教師行動計畫

時間：**20** 分鐘

資源：

工具：教師自我評估工具

① **指出**教師自我評估工具中，你察覺
需要更多信心的三個範疇。

② **選擇**一個你想要聚焦的範疇。

③ **閱讀**教師行動計畫的示例。

④ **填寫**空白的教師行動計畫組織圖。

⑤ 在採取行動前，跟一個夥伴**分享**你
的草案。

⑥ 採取行動後的一週內，跟這個夥伴
分享你的經驗。

⑦ 兩週後，跟一位同事分享你的**反
思**。行動進行得如何？你接下來
會做什麼？

教師行動計畫組織表：示例	
第一部分：探索我們的信心	
我要聚焦於教師自我評估工具中的哪一個教師行動？	使用學生的意見作為學習設計和改善的驅動力
這個行動具體而言看來像什麼？（三個描述詞）	1. 學生有作業的選擇權 2. 提出開放式的問題 3. 教師講少一點
從中選擇一個你想要改善的描述詞。	教師講少一點
腦力激盪：那個行為在教室裡看起來是如何？聽起來像什麼？（三—五個描述詞）	● 會有比較多的學生能彼此對話，彼此幫忙以取得支持、交換觀點、專業技能及互評 ● 在教室裡有更多的視覺提示 ● 等待時間：不要立即提供正確答案 ● 在我介入之前，允許三個或更多學生發言
從這些描述詞中，挑選一個你想要聚焦的小行動。	● 等待時間
這個小行動的成功會是什麼樣子？	● 在回答學生問題前先等候 5 秒鐘 ● 減少空虛的讚美：不要立刻回應對或錯，而是引導學生多說說他們的想法 ● 學生聆聽和尊重彼此
你兩週的計畫想做什麼？（請限制於三—五個策略）	● 跟學生分享我使用更多等待時間的意圖，以及這樣作對他們的學習有何幫助 ● 共同創造彼此尊重聆聽的樣貌 ● 請學生幫忙——用視覺提示提醒我要等待 ● 過了半週，尋求學生的回饋 ● 邀請一位同事觀課 20 分鐘；也許請他幫忙收集資料回饋給我

我會一起討論的同事是 Alex，日期為 2 月 19 日。

討論：同事針對我的進展所給與的反饋
● 當我運用等待時間這個策略，自己的想法和問題會比較清楚。
● 學生回答的品質有所改善。
● 這學期有兩個原本沒有什麼參與的學生現在會舉手回答。
● 當學生一起合作時，他們開始會相互等待。

反饋：與同事的討論重點：
● Alex 注意到，當我在課程最後要趕課，或是要涵蓋太多學習內容時，我就會不尊重等待時間。
● Alex 認為等待時間就是「思考時間」，並讓學生明確知道此點。
● Alex 會看著腳和摸前額來暗示學生他們需要時間思考。

第十章

操作指引

33. 使用學習設計訓練工具

目的：了解訓練能如何強化學習設計

過程：模擬

時間：**20 分鐘**

資源：

在 https://deep-learning.global/ 的
影片：Grovedale West PS Library
Malaysia

① **檢視**深度學習設計訓練工具。

② **哪些問題**在訓練同儕（或是你自己）的學習設計中最有幫助？

③ 觀看在 https://deep-learning.global/ npdl-hub/ 的影片：Grovedale West PS Library Malaysia，**當作模擬**。

④ 在右邊的欄位**寫下你的筆記**。

⑤ 你想要問老師的三個問題會是**什麼**？

⑥ 你會使用訓練工具中的**哪些問題**來幫助他們強化其學習設計？

學習設計訓練工具

協作探究圈的階段	思考問題	筆記、文件和連結
評估：使用深度學習素養架構確認學生的進步、優勢和需求。結合學生的成就和興趣來建立學習目標。	**深度學習素養** · 學生位於**深度學習進程**的哪個階段？你會使用哪些證據來做出好的專業判斷？ **成就和興趣資料** · 學生的知識、技能、興趣和需求為何？ · 你如何取得這些資訊？ **與全國和當地課程的連結** · 應該納入哪些全國和當地課程的目標和標準？	
設計：跟同儕、學生和家長一起使用深度學習進程來設計與學習者相關，能深入探討真實生活問題或挑戰的深度學習任務。	**深度學習素養和內容範圍** · 你的學習任務對準哪些深度學習素養？ · 哪些內容範疇會提供問題／挑戰的情境？ **深度學習任務設計** · 驅動問題是什麼？ · 學生和其他人如何參與設計學習任務？ **深度學習成功的表現指標** · 學生如何參與設計／理解學習表現指標和評量方法？ · 他們的角色清楚嗎？ **深度學習元素** · 你如何建立與學生和其他人的學習夥伴關係？ · 這個學習設計是否深入探討與學習者相關的真實生活問題或挑戰？ · 你可以使用深度學習素養的哪些？	

212　第六部│深度學習能力建構

教師自我評估工具

面向	教師自我評估工具	缺乏信心	展露信心	非常有信心	能夠發展其他面向
學習夥伴關係	與學生形成夥伴關係時，建立清楚的學習目標和期待。				
	積極提供學生向各種學習夥伴學習目標的機會。				
	施行協作過程，以在學生學習中納入夥伴。				
	建立與促進能夠培養學生自我規範、致力和歸屬感的夥伴關係。				
	打造以學生為中心、有互動、和有學習產出的學習環境。				
	用各種工具和流程去評估學生的興趣、才能和學術發展的需求。				
	建立得以促進所有學生福祉和公平的氛圍和文化。				
學習環境	刻意建立協作的工作流程和社交技能。				
	傾聽學生的意見和想法，以之作為學習設計和教學改進的驅力。				
	在教室內外使用實體和虛擬環境，以豐富學習的情境。				
	使用以證據為本的實作和真實的經驗來設計學習任務和流程。				
	設計可以為促進思考及及處理不同複雜程度搭設鷹架的深度學習任務。				
	廣納多種策略，用以發展深度學習素養。				
教學實踐	使用策略讓所有學生投入學習、受到鼓舞、且都能為共好做出貢獻。				
	使用不同的學習和評量策略，為學生學習搭鷹架並量身訂做個別化的學習歷程。				
	提供學生選擇，以增強學生的學習投入和動機。				
	讓學生參與與自我和同儕回饋的快速循環，以增強學生的後設認知。				
	促進學生的創意與數位利用，以深化學習、建構知識、並廣大學生的學習。				
	使用數位工具來增強學生的學習投入與動機。				
	運用數位工具為學習過程搭設鷹架。				
數位利用	促動與在地和全球的連結和個人資安。				
	促進數位公民素養和全球公民素養和個人資安。				
	讓學生使用可即時且準確提供學習回饋的數位工具。				

教師行動計畫組織表	
我要聚焦於教師自我評估工具中的哪一個教師行動？	
這個行動具體而言看來像什麼？（三個描述詞）	
從中選擇一個你想要改善的描述詞。	
腦力激盪：那個行為在教室裡看起來是如何？聽起來像什麼？（三至五個描述詞）	
從這些描述詞中，挑選一個你想要聚焦的小行動。	
這個小行動的成功會是什麼樣子？	
你兩週的計畫想做什麼？（請限制於三至五個策略）	

我會一起討論的同事是 ＿＿＿＿＿＿＿＿＿＿，日期為 ＿＿＿＿＿＿＿＿＿＿。

討論：同事針對我的進展所給與的反饋

反饋：與同事的討論重點

"學校領導者透過積極參與使用新方法來示範如何學習。他們不是只派教師參加工作坊，而是與他們一起學習，這種沉浸式學習的附加價值便是建立信任和關係。"

—— 《深度學習：參與世界改變世界》

學習設計訓練工具

協作探究圈的階段	思考問題	筆記、文件和連結
評估：使用深度學習素養架構確認學生的進步、優勢和需求。結合學生的興趣來建立學習目標。 設計：跟同儕、學生和家長一起使用深度學習進程來設計與學習者相關，能深入探討真實生活問題或挑戰的深度學習任務。	**深度學習素養** · 學生位於深度學習進程的哪個階段？你會使用哪些證據來做出好的專業判斷？ **成就和興趣資料** · 學生的知識、技能、興趣和需求為何？ · 你如何取得這些資訊？ **與全國和當地課程的連結** · 應該納入哪些全國和當地課程的目標和標準？ **深度學習素養和內容範圍** · 你的學習任務對準哪些深度學習素養？ · 哪些內容範疇會提供問題／挑戰的情境？ **深度學習任務設計** · 驅動問題是什麼？ · 學生和其他人如何參與設計學習任務？ **深度學習成功的表現指標** · 學生如何參與設計／理解學習表現指標和評量方法？ · 他們的角色清楚嗎？ **深度學習元素** · 你如何建立與學生和其他人的學習夥伴關係？ · 這個學習設計是否深入探討與學習者相關的真實生活問題或挑戰？ · 你如何聚焦於深度學習素養的發展？ · 你如何運用數位科技來加速和深化學習？	

實施：推動深度學習任務，利用數位工具加速和深化學習。

- 你如何透過夥伴關係建立有意義的協作？
- 你如何優化能達成成功的學習環境？
- 你如何在學生自我／同儕間建立形成性評量的快速循環以加速學習？

檢核、反思與改變：使用各種證據檢核學習成果和設計的有效性，如此你可以反思什麼是有效的、反思還有什麼可加以改善。

檢核學習成果
- 如何評量成果和表現？
- 你會用何種方式提供總結性評量？

反思與改進
- 無論是個人或與同儕，你會使用什麼架構和過程來反思學習任務的實施和成果？
- 你會如何用協作的方式著手改變和改善這個學習任務？

設計　實施　檢核、反思與改變　評估

第十章

計畫無法擴展；但文化可以。

——《深度學習：參與世界改變世界》

第十一章
學校深度學習的能力

    多數學校可以自豪地說他們部分的課堂有做到創新教學，讓學生有機會透過 STEAM（Science, Technology, Engineering, Art and Math，中文分別指科學、技術、工程、藝術和數學）或生活問題的解決，而能高度投入於創新的學習經驗中。但如何將**深度學習**從少數的亮點創新轉為普遍影響學校中所有學習者的思維和實踐，這會是更大的挑戰。如果我們的目標是要幫助學校所有教師都能運用**深度學習**的教學新創和實踐，那麼我們需要在學校裡孕育適合青年和成年人一同協作的學習文化。

    為此，我們的全球合作夥伴已經著手發展讓深度學習可以紮根的學校條件和實作方式。本書中的工具和操作指引便是用來促進變革的必要作法，若將這些作法與協作探究圈結合一起使用，深度學習的實踐會帶來更有力的改變。

    本章將介紹學校現況評量規準，描述深度學習能夠蓬勃發展所需的條件。我們會檢視學校領導者和領導團隊如何協同使用這個規準以評估學校當前的條件並確認發展的需求有哪些、針對已知的差距或需求制訂計畫、實施並監控計畫，且在一段時間後檢核學校條件的進展，以擬定學校的下一個成長周期。課堂學習設計所使用的四階段協作探究圈——評估、設計、實施，及檢核、反思與改變——也同樣可以應用在學校現況評量規準的反思上。

    但請記住，工具使用只有在心智習性準備好的時候才會有好的效果。要知道，合作是難以捉摸的，只有通過對話和共同經驗才能實現，這既是一種情感現象也是一種集體認知。此外，我們對於什麼是良好的協作、什麼是表面的協作，有越來越清晰的概念。良好的協作既是正式的，也是非正式的；它精確而不刻板，以證據為本，能增進團體共同的能力；它既包括自

主與協作，也包含它們的相互力量；它還需要「領頭學習者」——校長和教師們——一起參與（Datnow & Park, 2018; Donohoo, Hattie & Eells, 2018; Fullan, 2019; Fullan & Quinn, 2016; Hargreaves & O'Connor, 2018）。

學校現況評量規準

五個條件及其子向度有助於建立促進**深度學習**的學校文化，參見圖 11.1。

表 11.2 中的**學校現況評量規準**陳述了與這五個條件及其子向度有關的實作。評量規準為每個階段——證據有限、萌芽、加速和進階——的進程提供描述詞。**操作指引 34** 將幫助你深入了解評量規準、條件和實作。

在建立有益於工作開展的信任度與透明規範之後，學校領導者和領導團隊可使用這個評量規準來評估當前的優勢和需求。為了加深對該工具的了解，請使用**操作指引 35** 來模擬分析學校實施**深度學習**的現況。當團隊成員

圖 11.1　影響深度學習擴散的五個學習條件

表 11.2　學校現況評量規準

向度	證據有限	萌芽	加速	進階
願景與目標	缺乏現成能實現**深度學習**的結構，視**深度學習**策略為外加項目，而非變革流程的整合器或驅動器。決策和資源僅反映現狀。	有浮現出清楚闡述**深度學習**的策略和目標。與資源和過程相關的一些決策和資源開始轉向**深度學習**。	有明訂且被大家所理解的策略及其**深度學習**目標。清楚闡述**深度學習**目標的執行方式。大多數決策都是由**深度學習**目標所驅動且與其目標一致。	明訂簡潔且清楚闡述的策略，該策略明示**深度學習**的重點目標和支持執行的方式。策略為學校成員所共有且會影響決策。
領導力	領導者依賴正式的角色和結構，視**深度學習**為外加項目而非變革學校的整體流程或加速器。沒有打算培養學校領導者的策略，**深度學習**的參與僅限於一些早期的創新者。	學校逐漸出現領導學習者，他們知道自己的角色是要培養領導者、發展結構、過程，以及正式和非正式促進**深度學習**的機會，這些都用來促進**深度學習**。學生、教師、家庭和社區開始的**深度學習**參與開始逐漸增加。	領導學習者已經建立了結構與過程，用以推動實作的轉變並能刻意培養**深度學習**，整體學校都投入**深度學習**的一些學生、家庭和社區。	領頭學習者的能力與明確的領導策略同時發展，讓學校的整體領導力得以發展、散播和廣佈。學生、家庭、社區和學校的所有成員都知道**深度學習**，且能影響到所有學生。
協作文化	透過正式結構進行領導者、教師和學習者之間的協作，但沒有挑戰到「我們在這裡慣常做事方式」。探究的作法不一致；不願意分享實作和想法反映出低落的信任度。能力建構的支持通常著重於個人需求，並未與**深度學習**明確連結。	開始發展有關**深度學習**的協作文化及共同協作建構。領導者和教師開始使用協作探究來反思現有的實作。學校出現一些架構及流程以建構組織內縱向與橫向的關係和全校協作性的學習。支持協作的資源開始出現，但這些資源運用上並不總是能夠產生聚焦、有連結性或連貫實性的推動效果。	學校出現學習和協作探究的文化，大多數教師和領導者會反思、檢視和調整他們的教學和領導實作。根據教師和學生的需求設計能力建構，並清楚聚焦於能推動並維持**深度學習**所需的知識、技能。通過縱向和橫向關係、實作也越來越透明，和學習需要各層教師進行跨校的協作，教師也可能進行跨校的協作。	**深度學習**參與於整個學校的協作文化之中。協作文化之中，協作學習的能力是成為規範，而集體的能力是建構有賴組織的結構與嚴謹，學校藉由培養強韌的縱向與橫向的關係來支持創新與冒險精神，並運用群體來改變群體。能力建構能全面且一致地聚焦於探究或跨學校的精確性，並在單一學習過程中，納入學習循環與應用。

（續下表）

向度	證據有限	萌芽	加速	進階
深化學習	尚未能具體化學校課程與**深度學習素養**之間的關係。開始發展**深度學習**的架構，但並非所有人都能理解，也無法有連貫性地用它來引導各學習。個別立教師和領導者各自獨立進行創新。很少有教練和成員致力於支持**深度學習**。尚無法理解和支持**深度學習**。也無法頻繁使用諸如校準和相互校準等的協作實踐。	開始能清楚說明**深度學習**與學校課程之間的關係。已經確認一些能改善教學法精確性的目標，但改善的策略可能還不明確，或是缺乏有連貫性的實施及支持。有些教師會使用深度協作實作，如協作探究和檢視學生作品的操作實作，但實作或作品缺乏連貫或一致性。	能清楚說明學習和教學的目標。**深度學習**素養和核心課程標準之間的連結顯而易見。全校廣泛使用**深度學習**全面性的架構，用它來設計、評估**深度學習**經驗。全校用來建構協作性學習架構的資源與專業性越趨一致。其他深度協作實作，像是協作探究和檢視學生作品作探究引，也是如此。	全校都能清楚說明**深度學習**、增進教學法精確性的目標，以及核心課程標準進的學習目標，而目這些目標與預期的實施成果相互扣合。全校都能理解並一致地使用**深度學習**整套性的架構，用以設計及評估有效的**深度學習**經驗。全校都能用作探究檢視影響各階段學習的進程，也能一致地使用操作引檢視學生作品。
新的評估與檢核	對學生學習成功與成就的評估仍依靠狹隘的指標（例如測驗和少量的作品產出）來做檢核及追蹤。教師和學校領導者開始使用新的檢核來發展對**深度學習**共同的語言和理解，但尚無法評估或檢核**深度學習**的現況，設計校效成果。	透過使用多元且越來越大量的證據來源以檢核並追蹤進展與成功，開始發展混合方法的評量實作。開始發展能力建構的支持以使用新的評量，並設計有意義的評量。一些教師和學校領導者開始設計**深度學習**經驗、檢核來檢核**深度學習**成果並檢視**深度學習**的現況。	教師和領導者有能力去評量發展與檢核下列情形： ● 學生在**深度學習**進程中的成長 ● 能使**深度學習**發生的條件 ● 能促進**深度學習**成果的深度學習設計效能 **深度學習**經驗能加速並連結至地方／國家的政策優先性和課程、透過連結結構化的過程而得以相互校準。教師開始從**深度學習**設計新的評量，這樣才能更清楚辨識**深度學習**的發生。	全校都能發展並檢核**深度學習**，並以之聚焦於集體能力建構。會作跨年度及跨時期的檢核並相互校準，並呈現出持續的成長。**深度學習**經驗顯示出學校課程與**深度學習**目標之間明確的一致性，並在學校內部和學校之間正式的校準以建立可信度。分享回饋並利用其深度學習設計。評量實作反映出對學生興趣和需求的深入了解，並使用各種需求來確證定學習的進展和情況。

要找出能反映現況的佐證資料，並將其對應至評量規準中各細項的描述詞，就會產生深度的對話。這個模擬練習深化了對評量規準內容的理解，同時，在分析自己學校的數據資料之前，需分享個人意見與觀點，建立團隊的信賴關係與信心。

　　一旦團隊能接受評量規準的內容，**操作指引 36** 提供評估該校現況的流程。在成員標記出當前的狀態後，就可以查看評量規準上下一個階段的描述詞，以便知道接下來的步驟為何。**操作指引 37** 提供學校組織表和流程，以發展**深度學習**計畫。學校最常在每年一開始和結束時使用評量規準來評估進度並為下一個週期制訂行動計畫。

深度學習入門

　　如果學校想要為**深度學習**建構更好的精確度，首先需要考慮如何為教育工作者和學生培養學習的文化。如果教師和領導者沒有深入思考，那麼他們不太可能為學生創造這些條件。我們發現，在**深度學習**快速發展的學校能：

- 建立規範和關係，以提高實踐的透明度。

- 使用循證教學法（evidence-based pedagogy），以建立共同的技能和語言。

- 建立刻意的機制，用以辨認和共享團隊的創新實踐。

- 運用新創教學實踐的回饋與支持，以提供教師持續增進知識與技能的機會。

校長 Andrea Green 描述了她如何執行這四種策略：「以身作則……。選擇一種素養，所有教師在所有課堂都能明確教授這種素養。」舉例來說，她會記錄學生的協作，與學生一起觀看影片，共同完成 Y 型圖。協作看起來和聽起來像什麼？他會觀察並反思學生和教師文化的變化，持續落實這樣的素養，接下來明確地教授第二種素養。他們會聆聽並觀察所有年級學生熟悉的語言、期望和知識。當學生了解六個素養的期望和可能的成長時，教師就有可能執行這四個向度的**深度學習**和計畫。

規劃深度學習

我們已經注意到，往**深度學習**發展的學校和系統正在湧現新的變化，從原本「教師主導實施」的心智習性轉變爲共同學習與發展的有機過程（在此過程中，你可以從工作中學習並調整計畫和策略），而這樣的轉變正在紮根。重要的是，這種學習的發展是橫向的（遍布在學校、學區和系統裡），且遠多於傳統分級的學校教育。當學校、學區和國家採用**深度學習**時，我們觀察到三個不同的變化階段。以下的摘錄描述這三階段的變化，改編自《**深度學習：參與世界改變世界**》。

圖 11.3　新動態變革的階段

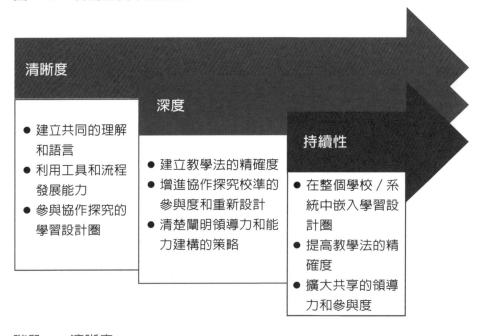

階段一：清晰度

深度學習工作的第一階段包括建立清楚的焦點、共同的理解和專業知識。Em DelSordo 校長指出：「你的工作和思考應該要對準學校的願景，而這個願景要能激發好奇心和創造力，爲合作和熱忱創造條件，並圍繞 6Cs（六個全球素養）來引導工作。」基層的努力通常源於教師或領導者的熱忱以及採用新工作方式的意願。每個人都有不同的起始點，迅速的循環式創新有助於建立清楚的共同願景，形塑課堂中**深度學習**該有的樣貌。隨著教師和領導者開始使用新方法並分享成果，他們需要一種從工作中學習的機制，爲目前和接下來的教學實踐而聚焦的討論和檢視，以強化學習的新

願景。協作探究過程開始引導團隊檢視教學實踐和學生進程的評量。教師在分享自己的成功和挑戰時，需要感到安全和不受評斷。隨著共享實踐的發展，學校經常需要重組架構，以創造教師協作探究的時間和空間。教師能充分參與豐富的對話，檢視能深化學習的教學實踐，並能仔細觀察學生的學習成果以及改善學習的方式。在此初期階段，學生在參與度、好奇心、協作和興奮感的明顯變化是最有力的佐證。

希望鼓勵深度學習的領導者

- 為教師提供無風險的機會，與同儕就**深度學習**進行討論、規劃和協作。

- 為曾在課堂裡體驗過**深度學習**力量的教師們安排時間進行分享。

- 鼓勵參訪新方法穩固紮根的課堂和學校。

- 促進與進度些微超前的學校／實踐者之間的連結。

- 讓家長成為認同**深度學習**的合作夥伴。

階段二：深度

第二階段通常需要六到十二個月的學習時間。教師和領導者已經對素養發展出初步的共同願景，也發展了使用**四要素**來設計**深度學習**經驗的初步技巧。他們需要有一些機制以便能夠刻意地從工作中學習，從教學實踐的協作檢核操作中獲得精確性，同時提高教學法的精確度。在這個階段，教師和領導者至少參與了一個協作探究圈，因而在選擇教學實踐和建構經驗時更有動力去掌握精確度。這麼做，學生才能進入學習全球素養的下一個階段。教師開始更頻繁地共同參與協作探究圈，設計新的學習經驗及檢核學生的學習進程。隨著教師尋求校內外學習的機會，他們的領導能力也隨之提高。教師領導者的能力建構已內建至工作之中，在有需要時也能引進外部資源。我們在學生和成人的學習經驗中都可以觀察到精確度的提升和越往深度探究的意向。

階段三：持續性

約兩年時間，團隊就可達到某種專業水準，組織的工作重點就會轉移到深化**深度學習**並將其推廣到全校甚至校外。學校要思考如何整合不同的

策略以建立學校整體的一致性。我們在全球各地已觀察到，一旦教師在設計和評量深度學習上發展出信心和專業，能在協作探究圈中有效運作也建立了信心和專業，那麼他們就會把重點轉移到幫助他人成長和改變。這會以兩種方式發生，其一，將重點移轉至讓**深度學習**更深入——在學習設計和校準週期上建立更高的精確度；其二，學區和校群把協作實踐擴展至更多學校，最終滲透到整個系統。堅毅的教師和學校領導者繼續推進，引導下一個階段的發展。他們持續探索，建立能檢核六大素養的最佳方法，同時為學校或系統設定內部發展的目標。事實上，這些都等同於持續性專業學習應有的方式，也是學校和學區文化不可或缺的一部分。

結語

學校無法自外於真實世界運作；他們會受到學區政策和系統的影響。但是不應該等待系統下指令才行動。事實上，積極主動的學校有助於學區的進步。好消息是，創新型的學校已學會「走出去是為了讓自己變得更好」。他們利用這樣的想法和系統資源來往前推進；同時，當他們有進步時，會開始往上層影響政策和結構的變革，用實體或線上的方式，尋求與學區內其他學校的聯繫，分享實踐。這些校內和跨校的連結加速了學習進度。

傳播深度學習是一項複雜的工作，因為它需要在學生、教師、家庭、領導者和社區之間建立新的關係。我們的建議是：慢慢來才能走得快，要花時間建立支持創新的信任規範，但這不用等到狀況變得完美才能行動。建立一支創新先驅團隊，使用學校現況評量規準來評估起始點，就可以開始了！快速地使用工作與反思循環來調整策略，便可以小小地慶祝成果了。同時，我們需要開始接觸家長，讓他們成為我們的夥伴，找到方法聆聽和回應他們的擔憂，也讓他們參與新的學習實作。請記住，反思做了什麼比想要做什麼還能學到更多，就讓我們開始吧！如果你想加速優化變革，那麼就選用一個好的架構、好的工具、與他人一起踏上旅程、克服挫折並積蓄動力。成功不是線性的，用我們的架構、工具還有團隊的獨創性和活力，就能取得並鞏固成功。

我們在第十二章中會探討，當學區扮演催化劑和整合性的角色時，**深度學習**的傳播將進一步加速和擴大。

操作指引

34. 了解學校現況評量規準
建立能支持校內對**深度學習**和創新條件的共同理解，並建立對使用**學校現況評量規準**的共同理解。

35. 評估學校現況：模擬
團隊成員以模擬的方式，學習如何使用**學校現況評量規準**來評估**深度學習**的支持性條件。

36. 評估你的學校現況
使用**學校現況評量規準**評估自己學校**深度學習**的發展條件。

37. 發展學校深度學習計畫
學校使用協作探究圈的四個階段，建立支持**深度學習**的行動計畫。運用**學校現況評量規準**來取得資訊，幫助團隊形成共識。

工具
學校現況評量規準。

更多訊息
閱讀《**深度學習：參與世界改變世界**》第八章。

第十一章

操作指引
34. 了解學校現況評量規準

目的：建立對促進深度學習和創新實
踐的學校現況之理解

過程：塗鴉組織圖和拼圖

時間：**45 至 60 分鐘**

資源：
工具：學校現況評量規準

① 五人為一組，使用塗鴉組織圖。

② 請你對分配到的部分，**記錄**學校支
持深度學習所需的重要條件。

③ **用小組的形式**，檢視各自的想法並
尋找共同點。討論什麼是最重要的問
題並達成共識，再將結果寫在中間的
空格。

④ **閱讀**學校現況評量規準中你被分配
到的向度。
- 第一人 願景和目標
- 第二人 領導力
- 第三人 協作文化
- 第四人 深化學習
- 第五人 新的評估與檢核

⑤ 思考該向度的**關鍵**想法，並將筆記
寫在組織表中。請準備好與小組成員
分享。

⑥ **討論**在學校使用該評量規準的方式。

塗鴉組織圖

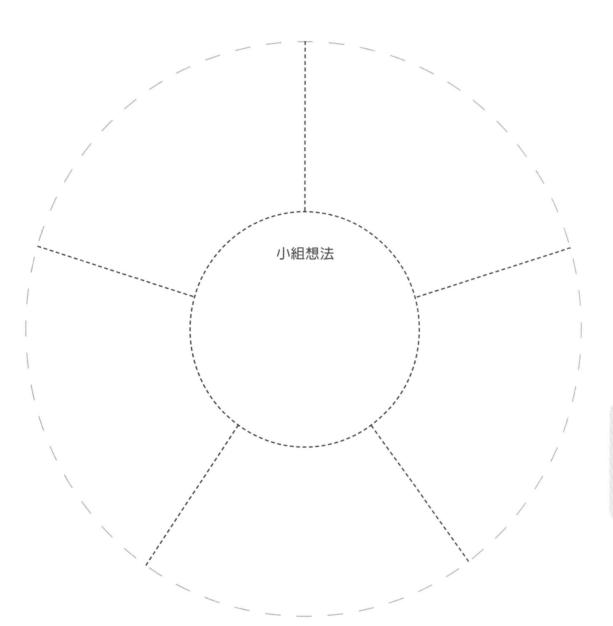

小組想法

學校現況評量規準：關鍵想法組織表	
向度	關鍵想法
願景和目標	
領導力	
協作文化	
深化學習	
新的評估與檢核	

> 要不就深度學習，要不就一無所獲；
> 要嘛沉浸其中（系統思維），要嘛
> 袖手旁觀。

　　　　　　—《深度學習：參與世界改變世界》

操作指引

35. 評估學校現況：模擬

目的：發展使用學校現況評量規準的
　　　技能，以評估學校

過程：模擬

時間：60 至 75 分鐘

① 四人為一組，觀看一支影片。

② 每組中的任兩人一起尋找「深化學習」向度的證據。另外兩人尋找「願景和目標」向度的證據。

③ 將證據記錄在便利貼上，每張便利貼寫一個想法。

④ 分享便利貼上的證據。

⑤ 將便利貼（證據）貼到學校現況評量規準上。

⑥ 以團隊的方式檢視便利貼，就該校在各向度上的位置達成共識。使用螢光筆標註證據與評量規準相符的部分。

⑦ 討論
● 這所學校的優勢和需求是什麼？
● 你會建議這所學校要關注的重點是什麼？
● 學校可以採取哪些特定的行動？如何更進一步改善現況？

表 11.2　學校現況評量規準

向度	證據有限	萌芽	加速	進階
願景與目標	缺乏實現能實現深度學習的深度學習策略、目標或實作。決策和資源僅反映現狀。	有寫出清楚闡述深度學習的策略和目標。與資源和過程相關的一些決策顯示出學校開始轉向深度學習。	有明訂被大家所理解的策略，清楚闡述深度學習目標及其執行方式。大多數決策都是由深度學習所驅動且與其目標一致。	明訂簡潔且清楚闡述的策略，該策略明示深度學習的重點目標和支持執行的方式。該策略為學校成員所共有且會影響決策。
		學校逐漸出現領頭學習者，他們知道自己的角色是要培養領導者、發展結構、過程，以及正式和非正式的機會，這些都用來促進深度學習。學生、教師、家庭和社區的深度學習參與開始逐漸增加。	領頭學習者已經建立了結構與過程，用以推動實作的轉變並能刻意培養領導者。整體學校都投入深度學習，包括積極參與深度學習的一些學生、家庭和社區。	領頭學習者的能力與明確的領導策略同時發展，讓學校的整體領導力得以發展、散播和廣佈。學生、家庭、社區和學校的所有成員都知道深度學習、願意投入參與，且能影響到所有學生。
		開始發展有關深度學習的協作文化及共同的能力建構。領導者和教師們開始使用協作探究來反思現有的實作，學校出現一些架構及流程，以建構組織內縱向與橫向的關係和全校性的學習。支持協作的資源開始出現，……	學校出現學習和協作探究的文化，大多數教師和領導者會反思、檢視和調整他們的教學和領導實作。根據教師和學生的需求設計能力建構，並清楚聚焦於能推動並維持深度學習所需的知識技能。……	深度學習滲透於整個學校的協作文化之中。協作學習於是成為規範，而集體的能力建構有賴組織的結構與流程。學校藉由培養強健的縱向與橫向的關係來支持創新與實踐精神，並運用群體來改變整體。……

資源：
● 工具：https://deep-learning.global/ 上的學校現況評量規準影片：
● Wooranna Park 第三部分——線上資源（https://deep-learning.global/）
● Bray Park 高中（澳洲昆士蘭省）
● 學校實施，在複雜世界中蓬勃發展

操作指引

36. 評估你的學校現況

目的：評估學校中支持深度學習的現況

過程：聚焦過程

時間：**60 至 75 分鐘**

資源：

工具：學校現況評量規準

① **製作**一個掛圖，其中包括學校現況評量規準的向度和階段。

② **選擇**學校現況評量規準中的一個向度，以小組方式進行檢視。

③ **個別思考**學校發展該向度的可能方式。

④ 將**證據記錄**於便利貼上，每張便利貼寫一個想法。

⑤ 將所有便利貼**貼**到學校現況評量規準的掛圖上。

⑥ 以**團隊的方式**檢視便利貼（證據），並討論在該向度上大家一致同意及任何不同意的地方。

⑦ 就學校在該向度的位置**達成共識**，並敘明這樣放置的原因。

⑧ 根據需求，在其他向度**重複**相同的程序。

表 11.2　**學校現況評量規準**

向度	證據有限	萌芽	加速	進階
願景與目標				
領導力				

37. 發展學校深度學習計畫

目的：使用學校現況評量規準來提供深度學習計畫所需的資訊

流程：使用協作探究圈作進一步的規畫

時間：60 至 120 分鐘

資源：

工具：學校現況評量規準

① **建立**一個能涵蓋多種觀點和經驗的團隊，可邀請學校不同角色代表的成員、家長和學生加入團隊。

② 以團隊的方式**檢視**協作探究圈的四個階段。

③ 評估▶

　　a. 檢視學校現況評量規準的結果，用得到的數據結果考量以下的問題
　　　● 你用什麼佐證資料對每個向度進行評比？
　　　● 你從學校現況評量規準彙整出的數據得到什麼想法？
　　　● 你還需要什麼其他證據？將如何取得？
　　　● 你的優勢是什麼？
　　　● 你的需求是什麼？

　　b. 確認一到三個對於改善學校深度學習的條件最關鍵的行動領域。

④ 設計▼

　　a. 確定需要採取的關鍵行動。使用向度中下一個階段的描述詞，以提供可往向度下一個階段前進的方式。

　　b. 在 100 天學校深度學習計畫上記錄關鍵行動、負責人和時間範圍。

⑥ 檢核、反思與改變▲

　　a. 確定檢核成功的方式

　　b. 定期使用評量規準來評估向度上的進程

　　c. 根據證據調整計畫

⑤ 實施◀

　　a. 對計畫採取行動

　　b. 透過蒐集回饋和數據進行檢視，以更新現狀。

100 天學校深度學習計畫				
目標區	關鍵行動	負責人	時間	狀態
如何檢核成功？				

第十一章

學校現況評量規準

向度	證據有限	萌芽	加速	進階
願景與目標	缺乏現成能實現深度學習的策略、目標或實作。深度學習策略為於外加項目，而非深度學習策略，目標僅反映現狀。決策和資源僅反映現狀。	有提出清楚闡述深度學習的策略和目標。與資源和過程相關的一些決策顯示出學校開始轉向深度學習。	有明訂易於理解的策略，清楚闡述深度學習的目標及具執行方式。大多數決策都是由深度學習所驅動目標與其目標一致。	有明訂簡案目清楚闡述的策略，該策略明示深度學習的重點目標和支持執行的方式。該決策執行的方式會影響決策校成員所共有目會影響決策。
領導力	領導者依賴正式的角色和結構，視深度學習為整合器或外加項目或速器。沒有打算培養學校領導者的策略，深度學習的參與僅限於一些早期的創新者。	學校逐漸出現領頭學習者，他們知道自己的角色是要培養領導者、發展結構、過程，以及正式和非正式來促進深度學習。這些都用來培養領導者的策略，深度學習、家庭和社區的參與開始逐漸增加。	領頭學習者已經建立了結構與過程，用以推動實作的轉變並能列意培養領導者。整體學校都投入深度學習的一些學生。積極參與深度學習所需的家庭和社區。	領頭學習者的能力發展與明確的領導策略同時發展，讓學校於是成為領導導向得以發展、散播和廣佈。學生、家庭、社區和學校的所有成員都知道深度學習，願意投入參與，且能影響到所有學生。
協作文化	透過正式結構進行領導，教師和學習者之間的協作，但沒有挑戰到「我們往往這樣做」的慣常做事方式。探究的作法不一致；不願意分享實作想法和想法反映出低落的信任感。能力建構的支持通常著重於個人需求，並未與深度學習明確連結。	開始發展有關深度學習的協作文化及共同的能力建構。領導者和教師們開始使用有協作探究來反思現有的實作，學校出現一些架構及縱向與橫向的關係和全校性的學習。支持協作的資源開始出現，但這些資源在運用上並不總是能連結產生聚焦、有連結性或連貫性的推動效果。	學校出現學習和協作探究的文化，大多數教師和領導者會反思、檢視和調整他們的教學和領導實作。根據教師和學生的需求設計能力建構，並清楚聚焦於能推動並維持深度學習所需的知識技能。通過縱向和橫向關係、協作和信任不斷增長，實作也越來越透明。學校層級的探究和學習需要各級教師的參與，教師也可能進行跨校的協作。	深度學習參透於整個學校的協作文化之中。協作學習於是成為規範，而集體的能力建構有賴組織的結構與流程。學校藉由培養強韌的縱向與橫向的關係來支持創新與冒險精神，並運用群體群組來改變群體。能力建構能全面且一致地聚焦於探究教學的精確性，並在單一學習協作的過程中，納入校或跨學校學習的協作的應用。

向度	證據有限	萌芽	加速	進階
深化學習	尚未能具體化學校課程與深度學習素養之間的關係，開始發展深度學習的架構，但並非所有人都能理解，也無法有連貫性地用它來引導學習。個別教師和領導者各自獨立進行創新。很少有教練和成員支持深度學習。尚無法理解，也無法頻繁使用諸如協作探究等互校準的協作實踐。	開始能清楚說明深度學習與學校課程素養之間的關係。已經確認一些能改善教學法精確性的目標，但改善的策略可能還不明確，或是缺乏有連貫性的實施及支持。有些教師會使用深度協作實作，如協作探究和檢視學生作品的操作指引，但實作或許支持缺乏連貫或一致性。	能清楚說明學習和教學的目標。深度學習素養和核心課程標準之間的連結顯而易見。全校廣泛使用深度學習全面性的架構，用它來設計、評估深度學習的資源與深度協作學習架構的一致。其他深度協作探究和檢視學生作品的操作指引，也是如此。	全校都能清楚說明深度學習素養的學習目標，增進教學法精確性的目標，以及核心課程標準的學習目標，而且這些目標與預期的實施成果相互扣合。全校都能理解並一致地使用深度學習整體的架構，用以設計及評估有效的深度學習經驗，各階段學習的進程，也能一致性地使用操作指引檢核學生作品。
新的評估與檢核	對學生學習成功與成就的評估仍依靠狹隘的指標（例如測驗和少量的作品產出）來做檢核反追蹤。教師和學校領導者開始使用新的和學校來發展對深度學習共同的語言和理解，但尚無法評估或檢核學生的學習的現況、設計或成果。	透過使用更多元且越來越多的證據來源以檢核並追蹤進步的發展成功，開始發展混合方法的評量實作。開始發展能力建構的支持，以使用新的評量。一些教師和學校領導者開始設計深度學習經驗、檢核、檢視深度學習的現況。	教師和領導者有能力去評量、發展與檢核下列情形： ●學生在深度學習進程中的成長 ●能使深度學習發生的條件 ●能促進深度學習成果的深度學習設計效能 深度學習經驗能加速並連結至地方／國家的政策優先性和課程，透過結構化的過程而得以相互改進。教師們開始為深度學習設計新的評量，這樣才能更清楚辨識深度學習的發生。	全校都能發展並檢核深度學習，並以之聚焦於集體能力建構。會作跨年度及跨時期明的檢核並相互校進，並呈現出持續的成長。深度學習經驗顯示出學校課程與深度學習目標之間明確的一致性，並在校內部和學校之間作正式的校準以建立可信度。分享回饋並利用其來深化學習設計，評量實作反映出對學生興趣和需求的深入了解，並使用各種證據來確定定學習的進展和情況。

> 依恃這些有力的架構、策略和工具
> 所構成的強大機制，我們因此可以
> 導入、推動並支持進步，繼而見證
> 了系統性的改變。

── 《深度學習：參與世界改變世界》

第十二章
學區深度學習的能力

深度學習並非偶然發生。透過啟動有助於成功的條件，學區扮演重要的角色，這些條件有利於發展轉向深度學習的心智習性與實踐，同時又能排除障礙，進而促使最佳的實踐狀態能擴及至整個系統。學區的角色是協助學校的各項作為取得合法性、獲得支持、並能參與和投入深度學習。已經動起來的學區具備全系統變革的心智習性；我們將教育中的全系統變革定義為轉變學習的文化。具備這種心智習性的學區，將深度學習視為重新思考學習的機制，他們決定如何開始以及如何擴展深度學習，這麼做的同時也都懷抱這樣的觀點：最終學區中每所學校都會參與深度學習。

在此先澄清兩個關鍵點：第一，當我們使用學區這個詞來表示當地的學校組織時，它指涉的不僅是實體的行政學區而已，可包含例如市鎮（芬蘭）、在地網絡（紐西蘭），或是在國家系統中的校群（澳洲）。深度學習的重點，是要以「走出去是為了讓自己變得更好」的心智習性，建立學校間的連結及彼此的共同學習。第二，我們談的是地方主管機關文化的改變。這代表，政府當局在自己內部的文化以及在與地區學校進行連結時，都必須致力於和深度學習相關的一致性，並且向上銜接國家政策。此時，我們討論的重點是如何在同一個層級內或橫跨不同層級都能產生系統變革。

我們已經確認必須處理的要素以及學區應有的作為，以激勵與支持深度學習的發展。當學區能做到以下幾點，就能加速變革：

- 清楚說明深度學習是有價值的目標。

- 用全系統的心智習性來聚焦於深度學習。

- 培養創新和協作的文化，讓學生和成人在冒險時感到安全與受到支持。

- 擁有強大豐富資源的機制，讓教師／學校可以從工作中學習。

- 透過刻意地發展共同能力而建構教學法的精確度。

- 建立評量系統，以檢核成果是否對準**深度學習**。

這些學區透過促進校內不同年級間、學校間與學區領導者間的垂直關係，以及連結各校、跨越角色界限的水平關係，讓變革得以施行。這些可能涵蓋能力建構的機會、訓練人員的使用和網絡，還有如協作平臺的虛擬連結。他們積極地和其他社群組織共同支持夥伴關係的發展，並尋求方法重新分配資源以支持學習工作，也將這樣的思考方式不著痕跡地融入組織所有的決定中。協作文化的工作聚焦於**深度學習**，支持學區目標並建立一致性。學習過程的各項改變被認為是相互連結的，共同的語言和目地性會逐步發展並擴散；因此，變革是具系統性的，而非零碎的行動。

在本章中，我們檢視**學區現況評量規準**，作為學區評估目前支持**深度學習**條件的工具；讓學區能擬定計畫以回應需求或解決落差問題、落實變革，並運用評量規準進行檢核、反思及調整，以持續改善發展現況。

學區現況評量規準

轉型實踐需要多元的方法。**學區現況評量規準**定義五種條件、相關的實作，及所需的系統，以刺激及支持深度學習的推進。

學區現況評量規準為每個條件提供實作與子向度的描述（見表12.1）。評量規準為進程四階段的每個階段——證據有限、萌芽、加速、精熟——提供描述詞。學區領導者可以用團隊方式使用規準，或是成立一個由學區內各代表所組成的跨角色團隊，以確保能涵蓋眾多不同的觀點。如第十一章所提，為了穩固這項工作，建立透明度與信任的規範是非常重要的。**操作指引38和39**會根據你的學區背景脈絡，幫助你深入理解評量規準並分析現況和實踐。

一旦團隊能接受評量規準的內容，**操作指引40**提供可用來評估學區現況的歷程。在標註出目前所處的階段後，學區可以檢視評量規準中下一個階段的描述詞，以取得接下來發展所需的資訊。

往**深度學習**邁進的學區在做決策時是具策略性的。請使用**操作指引 40**
來檢視我們某一個夥伴學區所使用的策略性思考和策略。渥太華天主教學
區教育局採納**深度學習**時程表,使用我們的**深度學習**架構來制定全系統變
革的推動策略。在這個微案例中,學區領導者描述推動的過程,及在過去
四年中,如何從一開始只有 7 所學校參與到最後所有 84 所學校都使用**深度
學習**。這個模擬練習要求你用評量規準來評估這個學區,在團隊成員尋找
現況證據,並將證據與評量規準的描述詞進行比對時,深度對話就此產生。
這個模擬練習可深化對評量規準內容的理解,同時在檢視自己學區內部情
形之前,先建立能分享意見與觀點的信賴關係與信心。

表 12.1 影響深度學習散播的學區條件

發展學區深度學習計畫

操作指引 42 提供組織圖及流程,使用**學校現況評量規準**來評估學區的需求。核對**學校現況評量規準**提供的全面性資料,了解學區的學校如何看待自己,提供學區分析與規劃的資訊。

一旦蒐集到所有的資料,**操作指引 43** 提供發展學區深度學習計畫的流程。學區最常在每一年的開始和結束時使用**學區現況評量規準**來評估歷程,並為下一個週期制訂計畫。

借重訪視學校的力量

發展學區計畫是改變學習的第一步,而建立校內或校際間的夥伴關係,則是轉動實踐方向的軸心。有一個很有效的方法可以建立共同的語言、聚焦點和文化,就是趁著學區領導者、校長及學校團隊進行訪視之時,使用**學校現況評量規準**來鎖定問題的焦點。**操作指引 44** 提供簡易對話指南,有助於聚焦對話並具有目的性。隨著學區領導者更能理解每所學校的需求、成功的條件和可支持學校的方法,他們之間的對話便能深化彼此間的信任與坦誠的關係。

結語

將**深度學習**擴展至整個學區或學校系統是項複雜的工作,因為這工作有賴於建立新的關係,同時也要開展成人與學生新的學習文化。我們必須培養前導型的創新者並將他們從各校確實地連結起來,讓他們相互學習,同時也要建立分享的機制,才能讓那些具洞見的新意能廣傳出去。不要等待整個學區都變得完美一致才要行動;你可利用探究圈進行快速試行、反思、而後調整教學策略並慶祝努力的收穫。請記住,反思做了什麼比想做什麼還能學到更多,所以,就請開始吧!如果你想要加速有品質的變革,就得使用共同的架構、運用有效的工具、和夥伴一起啟程、嘗試克服挫折和蓄積動能。成功不是線性的;透過運用我們的架構和工具,加上你和團隊的獨創性與能量,相信你會得到新的洞見和踏實的收穫。

未來領導意謂領導者必須能夠培養創新的循環；要做到此點，必須透過吸引和培植人才、孕育互信和樂於探索的文化、綜整創新的學習，並打通學區內垂直與水平的溝通管道，讓組織在連結中產生意義。系統中任何階層的領導都很重要，但因學區和區域正位居中間，因而承擔了系統連結的特別角色。這樣的領導者必然能夠見樹又見林，且洞悉系統內的交錯連結——Fullan（2019）稱他們為**細微領導者**（nuance leaders）。基於這樣的認知，我們在五年前決定要與八個國家聯合起來，成為知識創建的夥伴，讓**深度學習**動起來。

　　總而言之，有關我們談論到變革所帶來的混亂，這些混亂其實早已經發生了。我們稱之為『慢慢來才能走得快』。——剛開始的時候會有許多不確定性，這種感覺很像是有一個很棒的新價值，伴隨著一股待爆發的能量。就像大部分的社會運動一樣，也因為我們所運用的策略，深度學習在全球與在地都有很強的感染力。

——《深度學習：參與世界改變世界》

　　我們正在打造一個新的學習領域，且邀請你潛進**深度學習**，加入這場社會運動。

操作指引

38. 檢視學區深度學習的現況
當你針對學區內各學校目前支持**深度學習**和創新的現況，要建立共同的理解時，請使用三步驟的訪談流程，以確保涵蓋所有的想法。

39. 學區現況評量規準
與團隊一起模擬情境，發展對**學區現況評量規準**向度及目的的共同理解。

40. 評估學區深度學習的現況
與領導者和團隊一起使用**學區現況評量規準**，來評估當下學區支持深度學習所在的階段。

41. 推動整個學區的變革

檢視某個全學區變革的個案，分析領導者如何使用策略性思考和行動策略，在三年間啓動所有 84 所學校的深度學習。

42. 彙整訊息以支持學區的深度學習

根據學校的需求，進行資料收集和綜整。運用這份學校需求的檔案資料，提供能力建構、資源分配，和政策決定的相關資訊，以支持**深度學習**的推展。

43. 策略規劃學區深度學習

與領導團隊一起運用**學區現況評量規準**來評估收集到的資料，並一起運用學校現況的綜合性資料來發展策略性思考，擬定計畫以支持學區推廣**深度學習**。

44. 借重學校訪視的力量

在與學校領導者及團隊互動時，使用**學校現況評量規準**和**簡易對話指南**作爲討論的基礎。這種從工作中學習的過程能建立共同的語言，且讓需求顯露出來，以併入學區行動計畫中。

工具

學區現況評量規準。

更多訊息

閱讀《**深度學習：參與世界改變世界**》第八章。

38. 檢視學區深度學習的現況

目的：建立對學區現況的共同理解，以促進深度學習

時間：45 至 60 分鐘

過程：訪談三步驟

① 三人為一組，指定 A、B、C 的不同角色。先由 A 當訪問者、B 當回應者、C 當記錄者，再輪流交換角色。思考組織表中的三個問題，完成你的回答。

② 每一輪訪問 5 分鐘，然後輪替角色，直到三人都被訪問為止。

③ 討論在訪問中出現的共通性，以綜整現狀清單，這對促進學區的深度學習至為關鍵。

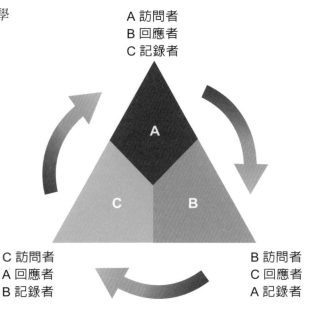

A 訪問者
B 回應者
C 記錄者

C 訪問者
A 回應者
B 記錄者

B 訪問者
C 回應者
A 記錄者

三步驟訪談組織表			
問題	成員 A	成員 B	成員 C
目前學區的哪些條件可支持深度學習？			
還需要哪些其他的條件？			
你的角色可以做些什麼來支持深度學習？			

第十二章

操作指引

39. 學區現況評量規準

目的：理解學區現況評量規準的向度
與目的

過程：三步驟訪談延伸活動

時間：60 分鐘

資源：
工具：學區現況評量規準

① 各自閱讀評量規準。

② 比較規準中的現況和你在操作指引
38 中三步驟訪談所得出的現況。

③ 從評量規準中選擇一個向度（例
如：願景和目標），討論關鍵概念。

④ 每個向度都重複操作同樣步驟。

⑤ 討論規準在學區運作的方式。

" 個人或可衝撞系統；但顛覆系統則
需要團隊。 "

——《深度學習：參與世界改變世界》

操作指引

40. 評估學區深度學習的現況

目的：評估學區目前能促進深度學習所處的階段

過程：蒐集學區現況評量規準上的不同觀點

時間：1 至 3 分鐘

資源：

工具：
- 學區現況評量規準
- 學校現況評量規準

① 建立組成分子多元的團隊來蒐集不同觀點。明確指定需要參與這個任務的角色，以確認涵蓋組織內所有視角（學區領導者、校長、教師領導者、主管機關成員、教師工會成員等。）

② 選擇學區現況評量規準中的一個向度，以團隊的方式進行檢核。

③ 檢視向度中的描述詞，並標記最能反映學區現況階段的敘述。先不要討論，然後準備好為你的評比分享證據。

④ 分享對該向度的評比和依據的理由。

⑤ 思考
- 有什麼觀點可以解釋評比？
- 你還需要什麼證據／數據來作評比或來證明你的評比是正確的？
- 你將如何取得那些資訊？

⑥ 就學區在該向度的位置達成共識，並敘明這樣放置的原因。

⑦ 在其他的向度重複同樣的步驟。

⑧ 再檢視整體情況，決定學區目前的模式、最好的優勢，及最大的需求。

⑨ 使用這些數據以及學校現況評比的綜整資料（見操作指引 36）或其他資料，為學區發展深度學習策略。

⑩ 定期使用學區現況評量規準來評估進展，為下一階段的進展作規劃。

操作指引

41. 推動整個學區的變革

目的：檢驗領導學區全面深度學習的
策略性思考及行動策略，應用
學區現況評量規準至一個模擬
的案例上

過程：案例分析

What?
So what?

① 從兩個資訊來源**獲取**關於深度學習
在某學區實施的資訊。
- 案例研究：推動整個學區轉向深度
學習：渥太華天主教學區（OCSB）
的案例。
- 影片：深度學習：系統層級的實施—
在複雜的世界中蓬勃發展。

② **確認**兩到三個關鍵的策略性行動，
這些行動在引導整個學區成功轉向
深度學習時，非常關鍵。先以個人方
式進行，在便利貼上寫下這些策略性
行動（一張便利貼寫一個行動）。

③ **形成小組**，唸出你所確認的策略性
行動。將有重疊的部分合併在一起。

④ 使用「什麼？那又如何呢？」模板
思考每個策略性行動。
- 將策略性行動與學區現況評量規準
的向度作配對（置於「什麼？」的
欄位）。
- 在「那又如何呢？」的欄位解釋策
略性行動對整個學區成長的重要
性。

時間：60 至 120 分鐘

⑤ 為了避免全系統變革中常見的一些阻
礙，**現在要思考**，在處理以下原則
時，學區需要非常主動積極之處。
- 持續性
- 共享的自主權
- 內部的競爭
- 成果的公平性
- 有智慧地使用資源

⑥ **分析**在每個不同向度裡，學區所處
的階段。
- 你會將這個學區放在進程中的哪
個階段？
- 支持這種定位的證據是什麼？
- 這個學區可能的下一步會是什麼？

資源：
- 工具：學區現況評量規準。
- 案例研究：推動整個學區轉向深
度學習。
- 在 https://deep-learning.global/
上的影片：深度學習：系統層級
的實施——在複雜的世界中蓬勃
發展。

什麼？那又如何？組織表		
向度	**什麼？** 什麼策略／行動是變革的催化劑？	**那又如何？** 那些策略的後續影響是什麼？
願景和目標		
領導力		
協作文化		
能力建構		
新的評估與檢核		

推動整個學區轉向深度學習

加拿大渥太華天主教學區
教育局

走進校園，你會看到學生使用自己的個人電子設備，有目的性地在各種空間進行協作或移動。

他們可能會使用散佈在建築物各處的綠幕來製作影片，之後再添補背景和音效。牆壁上掛滿了學生色彩繽紛的作品，學生的參與度很高，「為自己的學習負責」是一種常態。然而，不僅學生用新的方式學習，教師的教與學也有明顯的轉變。教師會按年級或跨組開會，規劃學習活動或檢視學生學習及作品。當教師在探究想法、研討新的數位設備或不熟悉的資源時，會與學生一同學習或直接向學生學習，因此，你會看到教師的學習並不僅限於規劃而已。校長和學區領導者也是顯而易見的學習者。他們會參加學生主導的工作坊或教學研討會，學習如何利用數位工具來增強自己的學習或教學實踐。在學習走察中，教師和領導者有時還跟學生一起組成團隊，帶著觀察的目的進行觀課。參與這樣的學習走察可以提升課堂實作的觀察技巧並提供有意義的回饋，以深化學生的學習。同時，所有校長和學區領導者每個月都會開會，固定分享實作及發展解決方案。

關於這個學區……

位於加拿大渥太華的渥太華天主教學區，是一個由公基金支持的都會型學區，學區有 84 所學校和超過 41,000 名的學生。該學區於 2014 年加入全球夥伴關係，目的是擴展並增進學生的 21 世紀技能。他們在四年內將**深度學習**的實踐推動至 84 校，為多元文化人口提供更好的服務，並思考如何運用策略行動擴展這項創新實踐，使之成為所有學生的學習基礎。

奠定基礎……

創新和福祉已經成為該學區變革的核心。從 2010 年開始，學區的共同變革藍圖對準整個學區文化的轉變，而數位生態系統的建立則聚焦於發展師生間的協作、創造力、批判思考和溝通。同時，學區改善了基礎設備：所有學校都有無線網路、將學校圖書館改為學習共享區、每位教育工作者都有筆記型電腦，並整合軟硬體的設備。該省除了結合治理的議題與制訂社群媒體的政策，也為全年度的數位公民教育融入課程執行了第一個計畫。領導者刻意地以這些為基礎，有策略性地為全系統變革建立一個為期三年（2014-2017）的連貫性計畫。同時，學區也改變經費用途，集中支持這些新方向的發展。重要的是，這樣強而有力的推動並非透過額外經費來促成，而是透過聚焦變革方向以及重新分配資源而得以實現。整個學區有目的性地轉向全系統的心智習性。

第一年（2014-2015）

　　該地區的資深領導團隊早就認知到，NPDL 與教育局的政策重點相互扣合且一致：都是將教學法作爲驅動力並運用科技拓展新的學習及教學機會。從策略上講，第一批有 7 所學校被選中參加 NPDL。爲了確保所有督學及其轄區都被納入這個變革領導的歷程，每位督學所負責的校群中都需擇選一所學校參與，而參與的學校的校長必須願意支持 NPDL，也要有一名負責推動的教職員。這些參與者之前曾因參與過數位生態系統計畫而對變革頗爲投入。

　　爲了建構能力，每校都派出一名核心教師，還搭配了另一所學校的教師，搭配的學校原本就是「**學習連結**」這個學習網絡的成員。學習連結的教師群參與省級的學習網絡，該網絡爲教育工作者提供了應用程式、科技、專業學習，以及協作的機會。我們可以經由這種方式連結各方的學習網絡，這大大提升了綜效。學區也任命一名核心教職員來帶領這個新的 NPDL 學習網絡，她成爲支持和推廣 NPDL 的擁護者。

> 為了建構能力，每校都派出一名核心教師，還搭配了另一所學校的教師，搭配的學校原本就是「學習連結」這個學習網絡的成員。

第二年（2015-2016）

　　到了第二年，教育局利用 NPDL 學習網絡的初期成果拓展至 15 所學校，另有 5 所中學以線上虛擬的方式加入，最後總共有 20 所學校參與。因爲要讓第一年參與學校的教職員在新學校能開展工作，中間階層的領導就變得很重要。讓一名核心教師和另一所學校的教師互相合作的模式仍繼續沿用。

　　能力建構的研習活動持續地連結跨校教師，同時引進**深度學習**的領導者培育計畫。各校採納協作探究圈，並將累積探究的成果分享於引人矚目的學習博覽會上，也慶祝他們實施 NPDL 架構的成功經驗。

　　該年度建立了一個重要的系統結構，即局端一致性委員會。資深領導者先前就曾鼓勵跨部門的合作，嘗試讓包括 NPDL 學習網絡在內的新提案能夠相互扣合。建立靈活且具策略性的委員會凸顯「功能勝過結構」的觀點，該委員會專注於一致性的建立，而不只是將結構連結起來而已。

第三年（2016-2017）

　　第三年學區做了一個策略性的決定，學區不再將 NPDL 視爲一個零碎切割的學習網絡，而是做爲整個學區的學習架構，NPDL 從 20 所學校擴展到全部 84 所學校。第一年和第二年參與學校的能力建構非常重要，這促成了所有 84 所學校在第三年都能參與。教師自然而然地轉換到深度學習，學習網絡也有策略性的延伸，這在大部分的學校裡都引發了教師對**深度學習**的興趣並建構其能力。

所有學區成員在使用**深度學習架構**來建構能力時，特別聚焦在**學習設計四要素**以及**深度學習六個全球素養**的專有名詞。算術能力、識字能力以及幼稚園等學習網絡仍持續進行，但在實施的時候，大家都會使用**深度學習**的架構以及共同的語言。

整體系統的焦點立基於協作探究之上。當每位督學跟其所負責的校長會面時，都會使用**學校現況評量規準**作為反思學校創新程度的討論重點。目前的 NPDL 擁護者仍然會持續投入，用她的專業將深度學習流程帶給學區內所有的新老師與各種訓練團隊及專業團隊。教育單位全體員工都會收到深度學習參考指南，這樣他們就會知道深度學習的語言以及我們關注讀寫和算術能力成就的一致性方法。教育單位主管在教育系統內的談話還有與校長、系統領導者的月會中，都將深度學習納為討論重點。每個學習網絡都會使用**深度學習的評量規準**來監督及反思自身工作對系統的影響。在第一年**或**第二年就參與 NPDL 的教育工作者，現在有機會參加深度學習認證計畫，他們必須透過**探究圈**協助指導他校經驗較淺的教育工作者，利用評量規準的工具來教授及檢核全球素養。這些早期的採用者將獲頒數位徽章以表彰他們的努力。針對想在課堂中加速實施**深度學習**的教師，會有另外的課程介紹深度學習。

> 我們成功地用「群體的力量讓群體動起來」。

在學區層級，他們透過跨部門的合作以及使用共同的教與學網絡來推行共同的工作，實現系統的一致性與連貫性。學校的教職員會使用共同的語言，能夠互相協作且產生學習網絡的連結。組織內的各個領域都有領導者出現，學校訪視和學習走察的重點則放在**四要素**以及**六個全球素養**。

渥太華天主教學區不僅產生內部的變革，透過讓全球夥伴觀課、他們也分享開發的各種資源與領導的功能。用他們的話來說：「教育局聚焦於深度學習，這讓學生和教職員都充滿活力。我們成功地『用群體的力量讓群體動起來』」。（personal communication，2016 年 12 月）

第四年（2017-2018）

在實施**深度學習**的第四年，為了更上層樓，學區持續在整個系統內建構能力。他們明確地凸顯理解深度學習架構的重要性，在新校長與副校長晉升的面試過程中，面試問題及個人資料的呈現都會檢視這些未來可能的領導者對**深度學習架構**的理解程度。督學會跟中央層級的校長合作，更新教育局改善計畫以及學校改善

計畫，聚焦在四要素以及全球素養。最新開設的校長和中央教育人員學習系列課程也會增列有關深度學習的報告及討論，學區要提供**深度學習架構**的參考資料。這些學習系列介紹給工作同仁新的策略性行動，包含「福祉」、「共享」、「創新」，以及能融入**深度學習架構**的共同語言。學區每個月都會提供每個學校定期的工作會議資源，每個月也會舉辦推特競賽，表揚有使用要素與素養的同仁。他們也設置創新獎金，對那些願意與其他領域教育工作者一起合作使用**深度學習**的同仁提供獎勵補助。局端一致性委員會以及跨部門領導者委員會定期聚會，會議議程包含檢視**深度學習**在系統層級的實施情形並且尋求在系統內達成一致性的機會。

為了歡慶系統中許多同仁在教與學上使用**深度學習架構**的成就，學區製作一系列的影片表揚同仁與學生使用四要素及六個全球素養的成果。除了數位徽章外，成功完成**深度學習認證課程**的同仁可以收到一封認證信件以及一本《深度學習：參與世界改變世界》的書，作為表揚與留任顧問角色的方式。

> 學區明確地去凸顯需理解深度學習架構的重要性，在新校長與副校長晉升的面試過程中，面試問題及個人資料的呈現都會檢視未來可能的領導者對深度學習架構的理解程度。

展望（2018-2019）

2018-2019 這個學年，渥太華天主教學校教育局開始實施新的局端策略性行動：「共享」、「福祉」、「創新」。在年初的第一次會議中，學區領導者團隊（所有的校長、管理者以及學區領導者）聆聽教育局長談論**深度學習架構**中的系統一致性、新的策略性行動以及主題精神。

邁入第五年，檢核整個系統實施的任務從只專注在**深度學習**的指導委員會，轉移至局端一致性委員會以及跨部門的領導團隊身上。這項策略性行動能強化深度讓學習變成學區所有作為的基礎，而不只是另一種新方案而已。另一項改變則是調動了兩位**深度學習擁護者**的角色，一位專注在領導數學領域，而另一位擔任副校長的角色。儘管領導人員有所異動，整體系統仍能持續聚焦，這反映出深度學習的實施是成功的。來自跨部門領導者團隊的兩位新協調者會額外承擔**深度學習**領導的責任。

學區提供的不是只和四要素以及全球素養相關的各自獨立資源而已，而是融入整個系統資源的架構，如「如何使用**深度學習架構**來支持學習困難的學生？」因此，提供同仁會議資源的邏輯性進程也是系統能成功實施深度學習的證據。同仁期待渥太華天主教學校教育局在整體系統實施**深度學習架構**時，能持續使用一致性的方法。

42. 彙整訊息以支持學區的深度學習

目的：發展使用學校現況評量規準的
技巧，核對與學校需求相關的
資料，以提供學區計畫所需的
資料

過程：收集、彙整、檢視

時間：**30 至 90 分鐘**

資源：

● 工具：學校現況評量規準

① 收集每個學校運用學校現況評量規
準所做的自我評量評比。

② 彙整學區評比各校現況的概況組織
表。用顏色標記不同的階段（例：
藍色是證據有限，綠色是萌芽）。

③ 檢視呈現出來的概況組織表。使用
這些問題來促進學區深度學習計畫
的討論。

問題

● 出現什麼模式？

● 驚喜點是什麼？

● 優勢是什麼？

● 有高度需求的是什麼？

● 能力建構的焦點是什麼？

● 要如何做出差異化以滿足不
同的需求？

● 學校間要如何互相扶持？

學區評比各校現況的組織表

向度	願景與目標	領導力	協作文化	深化學習	新的檢核與評估
學校 A					
學校 B					
學校 C					
學校 D					
學校 E					

43. 策略規劃學區深度學習

目的：發展學區計畫，以改善能支持
　　　　深度學習的條件

過程：使用協作探究圈預先規劃

① 建立團隊，納入不同的觀點和經驗。
　　這個團隊可包含多種角色的成員、
　　工會代表、學生、與家長。

③ 評估▶

　　a. 檢視學區現況評量規準的結果，以
　　　　及核對學校現況評量規準後的結
　　　　果。使用這些資料思考：

　　　● 為每個向度作評比時，你有哪
　　　　　些證據？
　　　● 你從學校現況評量規準的檢核
　　　　　資料中知道了什麼？
　　　● 你還需要什麼其他的證據？如
　　　　　何取得？
　　　● 你的優勢是什麼？
　　　● 你的需求是什麼？

　　b. 確認一到三個行動向度，這些向
　　　　度對於改善學區內深度學習的現
　　　　況非常關鍵。

⑥ 檢核、反思與改變▲

　　a. 確定檢核成功的方式。

　　b. 定期使用評量規準來評估向度上的
　　　　進程。

　　c. 根據證據調整計畫。

② 以團隊的方式檢視協作探究圈的四
　　個階段。

④ 設計▼

　　a. 確認朝向目標邁進所需的關鍵行
　　　　動。使用向度中的下一個階段來
　　　　提供推進的策略。

　　b. 明確標示負責人以及時間表。

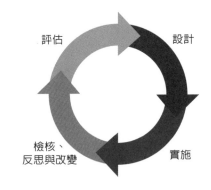

⑤ 實施◀

　　a. 對計畫採取行動。

　　b. 透過收集回饋和數據進行檢視，
　　　　以更新現狀。

學區深度學習計畫				
目標區域	關鍵行動	領導者	時間	狀態
向度 1.0				
向度 2.0				
向度 3.0				
檢核成功的方式				

44. 借重學校訪視的力量

目的：發展全學區深度學習的共同語言和實作

過程：簡易對話指南

時間：30 至 60 分鐘

資源：

工具：學校現況評量規準

① 建立並檢視規範，確保對話過程的情緒安全和更深層的思考：
- 完全的專注、為理解而聆聽、避免打斷。
- 問開放性與探索式的問題（避免是非題）。
- 用簡短清晰的話重述，讓成員聽見自己的想法。
- 提出正面的假設，不帶價值判斷。

② 使用對話指南裡的問題提示詞，以便專注在對話上。

③ 在未來的訪視／對話時重複這個過程，反思已達成的進展，並為該向度設定接下來的步驟。

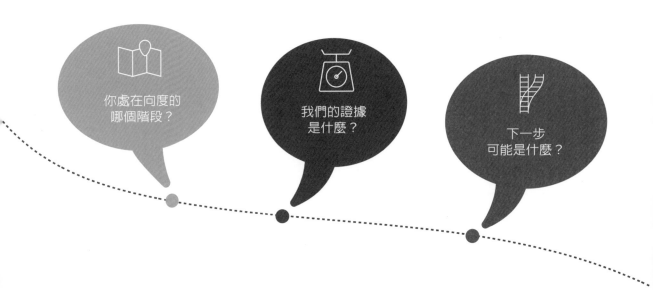

你處在向度的哪個階段？

我們的證據是什麼？

下一步可能是什麼？

簡易對話指南	
你處在向度的哪個階段？	你今天想要聚焦在哪一個向度？ 參考學校現況評量規準的描述語言後，你認為自己目前在哪個階段？ 要呈現這一點的示例有哪些？
我們的證據是什麼？	談論到這個直覺時，你有沒有特別看到什麼？注意到什麼？還有體會到什麼？ 針對你的學習者和教師，你在觀察什麼？ 還有哪些其他的觀點能夠提供更完整的全貌？ 如果有的話，有什麼模式似乎正在浮現？ 哪些是可能造成這個結果的因素？ 對你來說，還缺什麼資訊？是否有資料還沒有浮現、或是不清楚的？
下一步可能是什麼？	引領你在這個進程中往前推進的下一步為何？ 如果它是有效的，它看起來會像什麼？感覺起來像什麼？或是聽起來像什麼？ 你可能會使用哪個策略或方法？ 你如何知道它是有效的？ 你預期會遭遇怎麼樣的障礙？ 你之前曾使用過哪些奏效的策略？ 我可以如何支持你？還可以利用哪些資源？

第十二章

學區現況評量規準

向度	證據有限	萌芽	加速	進階
願景與目標	缺乏現成能實現深度學習策略的深度學習策略、目標或實作。決策和資源僅反映現狀。	有寫出清楚闡述深度學習的策略和目標。對一些人來說，目標並不明確，目且其他發展重點衝突。與資源和過程相關的一些決策顯示出學區正在轉向深度學習。	有明訂被大家所理解的策略，清楚闡述深度學習目標及其執行方式。有策略可以降低其它相衝突的發展重點。大多數決策都是由深度學習所驅動目與其目標一致。	有明訂且深且清楚闡述的策略，該策略說明深度學習的重點目標和支持執行的方式。該策略為學區成員所共有目會影響決策及資源分配。定期共同的提問能評估決策可以為所有學生提供多少的深度學習。
領導力	領導者依賴正式的角色和結構，視深度學習為外加項目，而非變革流程的整合器或加速器。沒有打算培養學校領導者的策略。深度學習的參與限於一些早期的創新者。	學區各校逐漸出現領頭學習者，他們知道自己的角色是要培養領導者、發展結構和過程，以及正式和非正式的深度學習機會，這些都用來推進深度學習。學生、教師、家庭和社區的深度學習參與與正逐漸增加。	領頭學習者已經建立了結構與過程，用以建立文化、推動實作的轉變與共同的理解。他們刻意地培養任各階層的領導者，透過深度學習注資源任目能引人注意、讓深度學習成為發展重點。能辨識目啟動創新的一些策略開始萌芽。整體學區很多學校都投入深度學習，包括一些學生、家庭和社區。	領頭學習者能持續地作為文化的建構者、發展共同的目的、理解以反歸屬感。領頭學習者，他們有清存在於所有的階層，楚在所有策略發展並散播領導力。學區運用挑戰作為機會，以發展新的驅動力、並能辨識並啟動創才能。學生、家庭、社區和學區深度學習，成員都知道深度學習，願意投入參與，目能影響到所有學生。
協作文化	透過正式結構進行領導者、教師和團隊之間的協作，但沒有挑戰現狀、不願意分享實作和想法反映出低落的信任度。能力建構的支持通常著重於個人需求，目未與深度學習有明確連結。整個學區無法一致地使用探究和反思的實作。	開始發展有關深度學習的協作文化及共同的能力建構，各校內的協作和信任開始增加，但學校間發展並不一致。能力建構從個人轉向協作式的學習。協作探究開始用來反思現有的實作。為了在學區內建構一些架構、出現一些縱向與橫向的關係。支持協作的資源開始出現，但資源協作也許沒有連貫性。	學區出現學習和協作探究的文化，大多數教師和領導者反思、檢視和調整他們的教學和領導實作。基於各校不同的需求來設計能力建構，並清楚聚焦於能推動協作思維。持續深度學習所需的知識和技能。通過鼓勵許多學校冒險與創新。各學校層級的探究和學習涵蓋任開始用來反思現有的關係、協作和信跨校的協作。	深度學習滲透於整個學區的協作文化之中。協作學習於是成為規範，而集體的能力建構有賴組織中正式與非正式的結構及流程。能力建構能全面且一致地聚焦於探究教學的精確性、並在單一學校或跨學區的協作過程中。學區持續強韌的縱向與橫向學習循環與應用。學區精由培養強韌的縱向與橫向關係來支持創新與冒險精神。

向度	證據有限	萌芽	加速	進階
深化學習	尚未能具體化學校課程與深度學習素養之間的關係。個人可能是各自獨立進行創新，很少有教練和成員致力於支持深度學習。尚無法理解，也無法頻繁使用諸如協作探究和相互校準等的協作實踐。	開始能清楚說明深度學習與學區課程之間的關係。開始發展學區內深度學習的架構，但不是所有學校都能以引導理解。或者持續使用以改善學習。已經確認一些協作性的目標，但改善教練法實施的目標可能不明確，或缺乏真實性的實施及支持。有些學校可能會使用深度協作作實作，例如協作探究和檢驗，共同的語言或支持指引，但缺乏一致性。	能清楚說明學習和教學的目標。深度學習素養和核心課程準間的連結顯而易見。整個學區廣泛使用深度學習全面性的架構，用它來設計、評估深度學習經驗。有定期（研習）培養共同的語言和理解。整個學區用來建構協作學習架構的資源與專業性越來越一致，其他深度協作探究和檢核深度協作視來設計和檢視學生作品的操作指引，也是如此。	整個學區都能清楚說明深度學習法精素養的學習目標，增進教學準確性的目標，以及核心課程標準的學習目標，而目這些目標與預期的實施成果相互扣合。整個學區都能理解並一致地使用深度學習整體的架構，用以設計及評估有效的深度學習經驗。整個學區都能發展共同的語言以建立對深度學習概念、實作的共同理解。整個學區一致性地使用共同語言來設計和檢核深度學習。
新的評估與檢核	對學生學習成功與成就的評估仍依賴狹隘的指標（例如測驗和少量的作品產出）來做評核及追蹤。各學校開始使用新的檢核來發展對深度學習共同的語言和理解，但尚無法評估或檢核深度學習的現況，設計或成果。學區尚未開始使用新的檢核來思考組織健康、福祉及公平性。	評量實作能反映多元的證據，並能追蹤進展及成功。全學區開始使用新檢核。開始發展能力建構的支持，以使用新的檢核、並設計有意義的評量。學校和各部門開始使用新的深度學習經驗，檢核和檢作設計深度學習成果並使用並檢核學生的學習成果，像是檢視深度學習的現況。但使用的一致性。對深度學生表現的檢核開始透露出福祉和公平的訊息，也能處理深度學習的成果。	教師和領導者有能力去評量、發展與檢核下列情形 ● 學生在深度學習進程中的成長 ● 能使深度學習發生的條件 ● 能促進深度學習成果的深度學習設計效能 許多學校使用像是協作評量學生作品及協作探究等的過程，透過跨校間的結構化過程以相互校準深度學習經驗。有一些新的檢核能監控組織健康、學生學習、福祉以及公平性。	整個學區都能高度重視目發展，檢核深度學習，並聚焦於集體能力建構並做出有所本的決定。全學區使用檢核系統作跨時間的比較，並呈現出持續性的成長。能有連貫性地協作探究是協作評量學生作品及協作探究等學習評量的過程，並內建至整個學區文化中。整個學區能監控這些資訊帶來的影響力。深度學習經驗顯示出學校課程與深度學習目標之間明確的一致性、並能在所有學校和學校之間作正式的相互校準。有各種新的檢核能監控組織健康、學生學習、福祉及公平性。

資料來源：Quinn, J. copyright © 2019 by Education in Motion (New Pedagogies for Deep Learning™). All rights reserved.Reproduction authorized for educational use by educators, local school sites, and/or noncommercial or nonprofit entities that have purchased the book.

第十二章

"邀請眾人加入深度學習的社會運動是鮮明且引人注目的。然而，萬事起頭難，且要力抗系統的惰性顯然不是件輕而易舉的事。不過，準備好挑戰現狀的想法和人們都已經到位。只要我們找得到適當的啓動點，成千上萬的年輕人都已蓄勢待發，到時候深度的改變就會發生且會加速前進。"

結語
立即行動

有三大理由需要我們立即行動：第一，社會的重大指標正在惡化 —— 不平等、氣候、工作、經濟、信任度、各年齡層的焦慮壓力、可預測性、科技能拉近關係又同時產生疏離的矛盾情結，以及整體對於未來的迷惘。究竟我們將何去何從？無人知曉，而所有人都在擔憂。

第二，透過我們**深度學習**的努力，前方的道路正變得更為清晰。《**深度學習：參與世界改變世界**》以及促進參與的工具書提供了想法、清晰度、篤定感、志氣相投及更多的訊息。邀請眾人加入**深度學習**的社會運動是鮮明且引人注目的。然而，萬事起頭難，且要力抗系統的惰性顯然不是件容易的事。不過，準備好挑戰現狀的想法和人們都已經到位。只要我們找得到適當的啟動點，成千上萬的年輕人都已蓄勢待發，到時候深度的改變就會自然發生且會加速前進。

第三，公共教育是少數有力量可以改變社會的領域。George Counts（1932）在近 100 年前曾經問過：「學校是否膽敢建立新的社會秩序？」我們能在 2020 年懷有相同的想法嗎？**深度學習**能改變教育的角色；教育主要的任務不再是傳遞知識和價值；反之，我們必須理解到這個世界改變的速度比我們想像的還要快。**深度學習**是能理解此點的方法，可以讓這個變動的世界變得更好。這非關「要認識他／她就必須愛他／她」，而是關乎能理解這個人類和大自然共同創造出來的神奇動能、風險、及戲碼 —— 既具毀滅性同時又是產能豐富的。

無論是為了自己或利他的理由，我們都需要理解這個世界。在**深度學習**裏，教師和學生一起把世界當成是生活實驗室，他們可以用任何一個科目或主題，彼此合作，以深化對自己和世

> 深度學習凸顯出學科學習最根本的改變 —— 它並非與世界脫節；世界就是學科！

界的認識。學的越多，就越能改變世界和自己。教育將會變得更加有趣，也有意義。

你已經具備啓程所需要的東西了：**深度學習**的文本、參與的工具，以及願意一起加入學習之旅的夥伴們，這個旅程將會有立即的收穫以及深遠的影響。我們的經驗顯示，即便只有一些有利的條件也可加速**深度學習**：一些領導者和有參加意願的人、利於啓動學習的好點子和工具、做中學，以及在特定領域做出改變的決心。然後，不論近在咫尺或遠在他方，你都會找到志同道合的夥伴。

我們也可關注基本功：讀寫能力、算術能力、科學及藝術等等。將學科為本的學習融入於**深度學習**對師生都會有助益。**深度學習**凸顯出學科學習最根本的改變——它並非與世界脫節；世界就是學科！話雖如此，你倒不必設想自己要拯救世界，就從你自己和身邊的人開始吧！

我們生活在動盪不安的時代，我們身處於大幅變動的年代，我們生活在革命的年代。實際上，這不禁令人高度懷疑人類是否曾生活在一個比現在更多事之秋的時期。

是何人在何時說了這些話呢？（是的，動盪不安就是他用的詞彙）George Counts 在 1932 年寫了以下這段話（頁 31），斥責各種改變世界的力量只會讓情況越變越差，並且讓教育成為犧牲者。這也是我們現在的處境——教育處於這波毀滅性社會趨勢的接收端。**深度學習**有能力扭轉這個趨勢，學生、教師與其他的教育工作者都可以變成變革推手，不只利己也利他。這真是件振奮人心的大事。

教育在下一個十年甚或更長的時間將會發生轉變。這意味你會經歷模糊、挫折、創新，也會有機會成為社會運動的一份子。你將需要（也會有）三個支撐：**深度學習**的架構、促進參與的工具，和至少一小群願意一起協作的夥伴。你需要能透過行動來學習、強化鞏固，以及更多的行動。你要能尋求並培養參與有目的性的學習和更好的學習成果；孩子能夠掌握（以及想要引導）複雜的變革；教師們不忘初衷；不同層級的校長和領導者交織互學，成為推動變革的專家；父母親和照顧者比較不會焦慮，且以他們的孩子為榮；所有人都有機會崛起，有些人能開啓學習的機會，公平性也隨之不斷提高；有些人生平第一次感受並見證到對社會的信任度越來越高。

當然，這對教育來說是極高的要求。過去七十五年來，教育一直在盤整與調整，試圖為背景差異越來越大的人們改善生活。現在，在大多數經

濟合作暨發展組織（OECD）的會員國家裡，教育正逐漸失去優勢。南半球的年輕人不知所措，他們意識到不應該受困於自己的生活狀況，但也不知道該怎麼辦才好。無論好壞，他們遲早都會爆發。

漸漸地，我們得出這樣的結論：如果標榜**深度學習**的示例沒有涵蓋對這個世界的理解和改善方法，那麼它們就不是**深度學習**。在短期內，我們必須解決個別的和次團體的問題，例如，不平等現象。但最終，如果絕大多數學生無法參與「改變世界」的行動，我們將失去這個我們所居住的星球。我們的目標不僅僅只是解決當地問題而已，而是要能達到人類的廣泛團結。

做明智的選擇，而且現在就要行動！當我們能一起參與世界、改變世界，那麼一個更美好的世界恰恰唾手可得。

參考文獻

Brown, B. (2018). *Dare to lead*. New York, NY: Random House.

Bungay Stanier, M. (2016). *The coaching habit: Say less, ask more and change the way you lead forever*. Toronto, Canada: Box of Crayons Press.

Connection Through relationship: the key to mental health. (2017, June 13). [Seminar]. Toronto, Canada.

Counts, G. (1932). *Dare the school build a new social order?* New York, NY: The John Day Company.

Datnow, A., & Park, V. (2018). *Professional collaboration with purpose*. London, U: Routledge.

The Deming Institute. (n.d.). *The Deming system of profound knowledge*. Retrieved from https://deming.org/explore/so-p-k

Donohoo, J., Hattie, J., & Eells, R. (2018). *The power of collective efficacy*. Educational Leadership, 75(b), 41-44.

Fullan, M. (2019). *Nuance: Why some leaders succeed and others fall*. Thousand Oaks, CA: Corwin.

Fullan, M., & Quinn, J. (2016). *Coherence: The right drivers in action for schools, districts and systems*. Thousand Oaks, CA: Corwin.

Fullan, M., Quinn, J., & McEachen, J. (2018). Deep learning: Engage the world change the world. Thousand Oaks, CA: Corwin.

Hargreaves, A., & O'Connor, M. T. (2018). *Collaborative professionalism: When teaching together means learning for all*. Thousand Oaks，CA: Corwin.

Katz, S., & Dack, L. A. (2013). *Intentional interruption: Breaking down learning barriers to transform professional practice*. Thousand Oaks, CA: Corwin.

Papert, S. (1994). *The children's machine: Rethinking school in the age of the computer*. New York, NY: Basic Books.

Pertrone, P. (2019，January 1). The skills companies need most in 2019—and how to learn them. *Linked in Learning*. Retrieved from https://learning.linkedin.com/blog/top-skills/the-skills-companies-need-most-in-2019--and-how-to-learn-them

Stringer, K. (2018, August 30). Citizenship as a classroom priority: New Gallup poll shows 74 percent of superintendents say "preparing engaged citizens" has become a major challenge for their districts. *Newsfeed*. Retrieved from https://www.the74million.org/citizenship-as-a-classroom-priority-new-gallup-poll-shows-74-percent-of-superintendents-say-preparing-engaged-citizens-has-become-a-major-challenge-for-their-districts/

Wiggins, G. (2012). *Authentic education: Seven keys to effective feedback*. Educational Leadership, 70(1), 10-16.

致謝辭

我們投入在很棒的創新夥伴關係中，這個夥伴關係包含了八個國家、數以百計的學校，以及許許多多的人。在通往**深度學習**旅程上，我們很榮幸可以向眾多富有啟發性的教師及領導者學習。除此之外，我們想要感謝各個學校、學區、城市和政府裡的相關人員，謝謝他們在過去五年來，成為我們共同的學習者。

我們要感謝 Hewlett 基金會，尤其是 Barbara Chow 和 Marc Chun，感謝他們支持**深度學習**，也要感謝 Stuart 基金會，長期贊助我們作系統性變革，並協助加州及華盛頓的**深度學習**。

我們很幸運在周遭擁有許多有堅定人格特質的人，包括了在每個國家的國家層級領導者：Lynn Davie、Mary Coverdale、Wendy Macpherson、Anna Antonikevic、Scott Millman、Kelly Borg，以及 Rosemary Vellar（澳洲）；Tom D'amico 和 Debbie Frendo（加拿大）；Vesa Ayras、Romi-Pekka Miukkanen 和 Tarja Tuomainen（芬蘭）；Marlou can Beek（荷蘭）、Margot McKeegan 和 Greg Carroll（紐西蘭）；Miguel Brechner、Claudia Brovetto 和 Ramon Silveira（烏拉圭）；Larry Thomas 和 Pam Estvold（美國）；以及 Trish Oliver（香港）。

感謝許許多多的學校、教師，以及行政人員。他們在示例、影片、還有短文當中貢獻了自身的故事：Denise Andre、Frank Bradica、Andrew Bradshaw、Tom D'Amico、Ryan Dufrane、AnneMarie Es、Jennifer Flinn、Devvie Frendo、Angelina Glynn、Andrea Green、Kevin Hall、Michekke Howe、Aki Kukkonen、Kahukura Cluster、Terry Kirkey、David McCully、Jane Morris、Pamela Newton、Janne Niemine、Madeline Parthum、Parmatta 學校團隊、Jussi Roms、April Smith、St. Louis 學校、Kenora 天主教學校教育局、Lisa Walsh、Laura White、以及 J. Wilkinson。

接下來，我們要感謝我們的全球團隊——這個強大的組織有著盡心盡力的領導者：Cecilia de la Paz、Bill Gogarth、Catie Schuster、Matt Kane，以及 Mary Meucci。要特別感謝 Jean Clinton，她對於福祉和**深度學習**間

的聯結有更多的見解。我們與一群思想領袖一起合作：Eleanor Adam、Peter Hill、Jal Mehta、Daan Roosegaarde、Andreas Schleicher、Michael Stevenson 等等。

各方的協助讓這本書得以出版。特別要感謝 Trudy Lane，她激發人心的圖像設計，捕捉了概念中的精華。最後我們要感謝我們傑出的出版商，Corwin：快速、有彈性，同時對於品質一絲不苟；我們還要非常感謝 Arnis、Gail、Erin、Melanie 及 Corwin 的設備。

在這本書中，我們希望對培養**深度學習**的能力有所助益。這樣，所有人都才有可能茁壯成長。這本書獻給所有**深度學習**者，是你們啓發了這本書，也獻給能引領未來的學生。該是參與世界、改變世界的時候了！

作者群

Joanne Quinn 是一個系統變革、領導和學習的國際顧問及作家。她同時也是**深度學習教學新創**的共同創立者和全球總監；領導 8 個致力於轉變學習方式的會員國家，針對創新夥伴關係進行能力的建構。Joanne 曾在各教育領域擔任過領導職務，包括加拿大安大略省教育局督學、執行顧問以及多倫多大學成人進修教育系主任。其最近著作包含：*Coherence: The Right Drivers in Action for Schools，Districts，and Systems*、*The Taking Action Guide for Buidling Coherence in Schools，Districts，and Systems* 和《深度學習：參與世界改變世界》。Joanne 有多元的領導角色，也熱衷於為所有人打開機會之窗，這讓她擁有影響正向改變的獨特視角。

Joanne McEachen 是國際公認的教育領導者，The Learner First 的創始人兼首席執行官，也是**深度學習教學新創**（NPDL）的全球新措施總監。Joanne 領導了**深度學習**工具和度量系統的開發，該系統在評估和衡量**深度學習**條件、設計和成果時，為系統中各個級別的教育者和領導者提供協助。Joanne 的專業知識涵蓋了教育系統的各個層面。她曾是紐西蘭和世界各地的老師、校長、區域經理和國家變革負責人。憑藉解決學校和教育部門所面臨的問題的第一手經驗，Joanne 提供的工具、措施和思維，與數位技術的運用相結合，並為每個學習者深化學習。

Michael Fullan 博士，曾獲頒加拿大勳章，為多倫多大學以及安大略教育學院名譽教授，長期擔任研究人員、開發人員、高級行政人員，也擔任總理和其他高級政府官員的政策顧問，享有傑出的職業生涯。他於 1988 年到 2003 年擔任多倫多教育大學教學院院長，領導世界知名的教育學院的發展。Fullan 教授目前在全球各地與十多個國家致力於教育發展工作。他寫了多本屢獲殊榮且被翻譯成多種語言的書，也是**深度學習教學新創**全球計畫的共同主持人。他的最新著作是 *Nuance: Why Some Leaders Succeed and Others Fail* 以及 *The Governance Core*。

Mag Gardner 是**深度學習教學新創**和教育教練的全球能力建構引導者。她協助加拿大、芬蘭、荷蘭、紐西蘭和美國地區，幫助他們改變教室、學校和系統。Mag 曾是安大略省的督學、中學校長和教師。她還是安大略省學生成功運動的先鋒力量。Mag 獲得了 OISE ／ UT 的教育博士學位，專注於專業協作和領導能力。

Max Drummy 在澳洲、中國南部和美國擁有超過 25 年的教師、學校和系統負責人的經驗。Max 在 2013 年至 2016 年期間共同領導了澳洲 **NPDL** 校群，建立了致力於重新定義教育的強大國家網絡。 Max 是 NPDL 全球能力建構團隊的成員，駐於華盛頓州西雅圖，為美國、澳洲、紐西蘭、烏拉圭和香港的學校和系統提供支持，幫助他們努力營造可促進**深度學習**的教育環境和實踐，從而使所有學習者都能為共好做出貢獻，應對全球挑戰並在一個複雜的世界中蓬勃發展。

譯者群

總編譯

國立臺灣師範大學　　　陳佩英　教授

譯者群

臺北市立百齡高級中學　　邱淑娟　退休校長
臺北市立明倫高級中學　　洪金英　校長
臺北市立中崙高級中學　　劉晶晶　校長
臺北市立南湖高級中學　　李小蘭　主任
臺北市立復興高級中學　　楊瑞濱　主任
臺北市立內湖高級中學　　許靜喆　教師
臺北市立中正高級中學　　李憶慈　教師

校者群

蓮溪教育基金會　　　　　許伯安　執行長
國立暨南國際大學　　　　洪雯柔　教授
臺北市立百齡高級中學　　邱淑娟　退休校長
臺北市立內湖高級中學　　許靜喆　教師
新北市立中和高級中學　　郭慧敏　主任
新北市立三民高級中學　　林承龍　主任

國家圖書館出版品預行編目（CIP）資料

潛進深度學習：實用工具書 / Joanne Quinn, Joanne
McEachen, Michael Fullan, Mag Gardner, Max
Drummy；陳佩英，邱淑娟，洪金英，劉晶晶，李小
蘭，楊瑞濱，許靜喆，李憶慈翻譯. -- 初版. -- 臺北
市：國立臺灣師範大學出版中心, 2022.05
　　面；　公分
　譯自：Dive into deep learning : tools for engagement
　ISBN 978-986-5624-85-9（平裝）

　1. CST: 教育改革　2.CST: 教育規劃

520　　　　　　　　　　　　　111007136

潛進深度學習：實用工具書

英　文　版 作　　　者	JOANNE QUINN, JOANNE McEACHEN, MICHAEL FULLAN, MAG GARDNER, MAX DRUMMY
總　編　譯	陳佩英
翻　　　譯	陳佩英、邱淑娟、洪金英、劉晶晶、李小蘭、楊瑞濱、許靜喆、李憶慈
校　　　閱	許伯安、洪雯柔、邱淑娟、許靜喆、郭慧敏、林乘龍
出　　　版	國立臺灣師範大學出版中心
發　行　人	吳正己
出 版 總 編	柯皓仁
執 行 編 輯	陳靜怡、金佳儀
電　　　話	(02)7749-5229
傳　　　真	(02)2393-7135
信　　　箱	libpress@ntnu.edu.tw
初　　　版	2022 年 5 月
售　　　價	新臺幣 600 元（缺頁、破損或裝訂錯誤，請寄回更換。）
I S B N	978-986-5624-85-9
G P N	1011100629